校 勘 学

钱 玄 著

商务印书馆
创于1897　The Commercial Press

2019年·北京

图书在版编目（CIP）数据

校勘学 / 钱玄著. — 北京：商务印书馆，2019
ISBN 978-7-100-16289-0

Ⅰ.①校… Ⅱ.①钱… Ⅲ.①校勘学 Ⅳ.①G256.3

中国版本图书馆CIP数据核字（2018）第140525号

校 勘 学

钱 玄 著

商 务 印 书 馆 出 版
（北京王府井大街36号　邮政编码 100710）
商 务 印 书 馆 发 行
北京富诚彩色印刷有限公司印刷
ISBN 978 - 7 - 100 - 16289 - 0

2019年6月第1版　　　开本 889×1194　1/32
2019年6月第1次印刷　　印张 7 3/4

定价：48.00元

钱玄先生在书斋中

（1993 年 6 月，王继如摄）

目　录

绪 言

校勘，是指用精密的方法、确凿的证据，校正古书中由于抄写或翻刻等原因而产生的字句、篇章等错误。这是整理古籍过程中十分重要的一项工作，也是查阅古籍的人必须具有的基本功。

校勘学，是研究有关校勘问题 —— 如校勘的对象、校勘方法、校勘史等的一门学科。它应该属于文献学的一门学科，因为它是以古文献为研究对象的。它跟文字学、训诂学、音韵学等都有密切的关系，校勘需要综合运用这些学科的知识、理论来进行工作，所以校勘学是一门综合的、应用性的学科。

校勘最早称"校"，或称"校雠"。刘向在他所著的《别录》中，经常把"校"和"校雠"同时互用。如：

（1）汉刘向《晏子书录》："所校中书《晏子》十一篇，臣向谨与长社尉臣参校雠太史书五篇。"①

---

① 姚振宗辑录：《别录佚文》，《师石山房丛书》本。

（2）又《孙卿书书录》："所校雠中《孙卿书》凡三百二十二篇，以相校除复重二百九十篇，定著三十二篇。"[1]

刘向对"校雠"这个词有个解释：

（3）《文选·魏都赋》李善注："《风俗通》曰：按刘向《别录》：'雠校，一人读书，校其上下，得谬误，为校；一人持本，一人读书，若怨家相对。'"[2] 按"相对"下应脱"为雠"二字。

《太平御览》卷六一八也引刘向《别录》，略有不同。李善注引作"一人读书"，《太平御览》引作"一人读析"[3]。"析"字在这里不好讲，疑是"札"字之误。札，指竹简、木牍。刘向以为：一个人读书，从本书的上下文而校正错误，这叫校；两个人对校，一个拿着书，看着、听着，另一个拿另一种本子读，发现两种本子有不同，就校正错误，这叫雠。在古书中"校"和"雠"常常是通用或连用。

"校"的本义，据《说文》："校，木囚也。"即今之木枷。校正、校雠的意义是它的借义。据陆德明《经典释文》在《周

---

① 姚振宗辑录：《别录佚文》。

② 萧统编，李善注：《文选》，中华书局 1977 年版，第 106 页。

③ 李昉等撰：《太平御览》，中华书局 1960 年版，第 2776 页。

礼·夏官·校人》下云:"若从手旁作,是比较之字耳。"那么陆德明认为校正、校雠的"校"应作"挍"。但是《说文》无"挍"字,古书中也均用"校"字。"勘"字《说文》未收,《说文新附》:"勘,校也。"《玉篇》:"勘,覆定也。"勘亦即刊字。《说文》:"刊,剟也。"是削的意思。古书写在竹简上,写错则用刀削去后改正。所以《玉篇》:"刊,削也,定也,除也。"列了三个义项。校勘二字连用成为一个双音词,产生较后一些,可能六朝时才有。

　　(4)南朝宋沈约《上言宜校勘谱籍》:"宜选史传学士谙究流品者为左民郎、左民尚书,专供校勘。"[1]

　　(5)宋欧阳修《书〈春秋繁露〉后》:"予在馆中校勘群书,见有八十余篇,然多错乱重复。"[2]

　　以后常沿用"校勘"一词,但"校雠"这个词也还用。

　　校雠这个概念,从来有广义和狭义两种理解。西汉刘向、刘歆父子从事校雠工作,涉及面很广,除了校正字句错误外,还包括定书名,编目录,辨真伪,辑佚文等。这是确定了广义校雠的范围。后来宋代郑樵《通志·校雠略》、清代章学诚《校雠通

---

①　严可均辑:《全上古三代秦汉三国六朝文·全梁文》,中华书局 1958 年版,第3110 页。

②　《欧阳文忠公集》,商务印书馆《四部丛刊》本,《外集》卷二十三,第 4 页。

义》、近人张舜徽《广校雠略》等所讲的内容，基本上都属于广义校雠。至于一般专指校正古籍中字句错误的工作，是属于狭义的一类。此后为了使概念的内涵明确，凡属于广义的称校雠，也称文献学，属于狭义的称校勘。这个办法是可取的。现在一般人也都照这样用了。本书所讲的校勘学，是指狭义的。

古谚说："书三写，鱼成鲁，帝成虎。"（见《抱朴子内篇·遐览篇》）古书中有误字、脱文、衍文等，早在先秦就有这种情况。如《春秋·桓公十四年》："夏五，郑伯使其弟语来盟。"《公羊传》云："夏五者何？无闻焉尔。"[①] 照《春秋》常例，应该说"夏五月"，下面加上干支纪日，然后接上说"郑伯使其弟语来盟"。现在只有"夏五"，下面有阙文，所以《公羊传》说"无闻"，即不知道。可见《春秋》上的阙文，早在《公羊传》之前。又如《吕氏春秋·察传》："子夏之晋，过卫，有读史记者，曰：'晋师三豕涉河。'子夏曰：'非也。是己亥也。夫己与三相近，豕与亥相似。'至于晋而问之，则曰'晋师己亥涉河'也。"[②] "己亥"误为"三豕"是很可能的事实。"己"字缺两短竖，就误为"三"字。"亥"与"豕"的古文相同，《说文》也说"古文亥为豕，与豕同"。

到西汉时期，由于秦时焚书，汉初的书多出自壁中，竹简断损，帛书烂缺，脱漏、错误，更为严重。刘向的《别录》及

①　阮元校刻：《十三经注疏》，中华书局1980年版，第2221页。
②　陈奇猷校释：《吕氏春秋校释》，学林出版社1984年版，第1527页。

《汉书·艺文志》里，都反映出这种情况。

　　（6）刘向《晏子书录》："中书以'天'为'芳'，'又'为'备'，'先'为'牛'，'章'为'长'，如此类者多。"[1]

　　按"中书"，据《汉书·艺文志》颜师古注："中，天子之书也，言中以别外。""中书"指宫中秘府所藏之书。

　　（7）又《列子书录》："章乱布在诸篇中，或字误：以'尽'为'进'，以'贤'为'形'，如此者众。"[2]

这里有的由于形近而误，如以"先"为"牛"；有的由于声近而误，如以"章"为"长"、以"尽"为"进"等。至于脱字更多。如：

　　（8）《汉书·艺文志》："刘向以中古文校欧阳、大小夏侯三家经文。《酒诰》脱简一，《召诰》脱简二。率简二十五字者，脱亦二十五字；简二十二字者，脱亦二十二字；文字异者七百有余，脱字数十。"[3]

以上例子是说西汉的情况，后来因为字体变化，辗转翻刊，所以

<hr />

① 姚振宗辑录：《别录佚文》。
② 姚振宗辑录：《别录佚文》。
③ 王先谦撰：《汉书补注》，中华书局 1983 年版，第 869 页。

书中的错误，更为严重。下面以两本常读书为例，并举一些数字来说明严重的程度。

　　（9）阮元《礼记注疏校勘记序》："《礼记》七十卷之本，出于吴中吴泰来家。乾隆间，惠栋用以校汲古阁本，识之云：讹字四千七百有四，脱字一千一百四十有五，阙文二千二百一十有七，文字异者二千六百二十有五，羡文九百七十有一。"①

《礼记》从来是官定的经典，过去读书人都要读。上述《礼记》七十卷本是宋刻本，汲古阁本是清初刻本，两个本子相去仅四百多年，而汲古阁本的错误竟如此之多，真是想不到的。其他不属于经典之类的书，其错误更多，无庸说了。

　　又如《通鉴》也是常读的书。近人章钰用宋刻本九种校清胡克家翻刻本，书中的错误也是惊人的。

　　（10）章钰《胡刻通鉴正文校宋记述略》："辜较二百九十四卷中，脱、误、衍、倒四者盖在万字以上；内脱文五千二百余字，关系史事为尤大。"②

---

①　阮元校刻：《十三经注疏》，第1227页。
②　《资治通鉴》，中华书局1956年版，第8页。

这确乎是"关系史事为尤大"。一句中错一个字，尚且会产生完全相反的意思。现在一本书的错误以千万计，脱文有几千字，那真是满目疮痍，不能卒读。小则文句不顺，张冠李戴；大则是非颠倒，黑白混淆。

以上说的都是宋以后的刻本上的错误。那么宋代及宋以前的刻本，是不是好一些呢？事实并不是这样，错误同样是严重的。这里举一个例子。宋时杨文昌曾用九种《论衡》旧本互校。杨在他的《论衡序》里说，改正了一万一千二百五十九字。[①] 再举一例，宋洪迈《容斋四笔》卷二云："因记曾纮所书陶渊明《读〈山海经〉》诗云：'形夭无千岁，猛志固常在。'疑上下文义若不贯，遂取《山海经》参校，则云：'刑天，兽名也。口中衔干戚而舞。'乃知是'刑天舞干戚'，故与下句相应，五字皆讹。"[②] 一首诗中，有一句全句五字皆误，其错误严重竟至于此。可见宋刻及宋以前旧刻，均不宜迷信。

为什么古籍中错误这样多？原因是多方面的。

（11）孙诒让《札迻》自叙中说：尝谓秦汉文籍，谊旨奥博，字例文例，多与后世殊异，如荀卿书之"案"，墨翟书之"唯毋"，晏子书之以"敚"为"对"，淮南王书以"士"为"武"，刘向书以"能"为"而"，骤读之几不能通

---

① 刘盼遂：《论衡集解》附录，古籍出版社 1957 年版，第 598 页。
② 洪迈：《容斋随笔·四笔》，扫叶山房本，第 4 页。

　　其语。复以竹帛梨枣，钞刊屡易，则有三代文字之通借，有
　　秦汉篆隶之变迁，有魏晋正草之混淆，有六朝唐人俗书之流
　　失，有宋元明校雠之屡改。蹊径百出，多歧亡羊，非覃思精
　　勘，深究本原，未易得其正也。[①]

孙氏从历史角度，归纳了古书中字句等错误的原因：有由于不明
古书用词、文例而误改的；有由于不识古字、草书、俗字而误的；
有由于传抄翻刻而误的，总之原因很多。王念孙也曾概括古书致
误的原因。他说："推其致误之由，则传写讹脱者半，冯意妄改者
亦半也。"[②] 传写讹脱是无心之误，凭意妄改是有心之误。

　　校勘古书必须正确运用校勘的方法，辨别是非，改正错误，
绝不能粗心大意，更不能凭意妄改；不然则古书中的错误将愈改
愈多，或者旧的错误改掉了一些，而新的错误又产生了。那么
正如宋人朱弁所说："校书如扫尘，随扫随有。"[③] 最近，吴金华
《新版〈三国志〉校记》一文，提到中华书局新版标点本《三国
志》，就有"随扫随有"的误文情况。

　　（12）中华书局标点本《三国志》自 1959 年 12 月发行
第一版，至 1975 年 4 月已印刷六次。1982 年 7 月出了第二

---

① 　孙诒让：《札迻》，光绪二十年籀庼本，第 3 页。
② 　王念孙撰：《读书杂志》，江苏古籍出版社 1985 年版，第 962 页。
③ 　朱弁撰：《曲洧旧闻》，商务印书馆 1936 年版，卷四，第 32 页。

版（以下简称"新版本"），对于第一版中的校点疏误有所补正。然而，遗憾的是，新版本不仅没有扫清第一版中为数不多的印刷错误，反而在这方面出现了更多的毛病。以下就我翻检所及，列举三十二条，供读者和出版者校正。[①]

文中所举的三十二条，五条是沿第一版之误而未改的，其余二十七条都是新增的错误。这三十二条，极大部分是形近而误。如：

土误作士	己误作已	日误作曰
贼误作败	子误作字	即误作既
拖误作施	典误作曲	

这些错误，只要在校对时注意一些，完全可以避免的。我们为了发扬祖国的文化，整理古籍，就应该以高度认真负责的精神、科学的态度，把好校勘第一关。这不能看作一字一句间的小事，而是研究祖国文化、振兴中华的千秋大业。

---

① 　吴金华：《新版〈三国志〉校记》，《文教资料简报》1985 年第 2 期。

第一章　字句校勘

　　字句校勘为校勘古书中的一项主要工作。古书中错误最多的是字句的错误。所谓字句错误，概括言之为四大类：误字、衍文、脱文、倒置。如果细加分析，则每类有各种不同的情况。清代训诂学家王念孙著《读书杂志》，对《淮南子》内篇订正了九百余条字句的错误。从这九百余条错误中归纳"致误之由"，凡得六十二例。① 这六十二例是王氏校勘古书字句错误的总结，是校勘学中一份具有规律性的总结资料。现在抄录六十二例的条目于下：

　　　一、因字不习见而误者

　　　二、因假借之字而误者

　　　三、因古字而误者

　　　四、因隶书而误者

　　　五、因草书而误者

---

① 　王念孙撰：《读书杂志》，第 962 页。

六、因俗书而误者

七、因两字误为一字者

八、误字与本字并存者

九、校书者旁记之字而阑入正文者

十、衍至数字者

十一、脱数字至十数字者

十二、误而兼脱者

十三、正文误入注者

十四、注文误入正文者

十五、错简者

十六、因误而致误者

十七、不审文义而妄改者

十八、因字不习见而妄改者

十九、不识假借之字而妄改者

二十、不审文义而妄加者

二十一、不识假借之字而妄加者

二十二、妄加字而失其句读者

二十三、妄加数字至二十余字者

二十四、不审文义而妄删者

二十五、不识假借之字而妄删者

二十六、不识假借之字而颠倒其文者

二十七、失其句读而妄移注文者

二十八、既误而又妄改者

二十九、因误字而误改者

三十、既误而又妄加者

三十一、既误而又妄删者

三十二、既脱而又妄加者

三十三、既脱而又妄删者

三十四、既衍而又妄加者

三十五、既衍而又妄删者

三十六、既误而又改注文者

三十七、既误而又增注文者

三十八、既误而又移注文者

三十九、既改而又改注文者

四十、既改而复增注文者

四十一、既改而复删注文者

四十二、既脱且误而妄增者

四十三、既误且改而又改注文者

四十四、既误且衍而又妄加注释者

四十五、因字误而失其韵者

四十六、因字脱而失其韵者

四十七、因字倒而失其韵者

四十八、因句倒而失其韵者

四十九、句倒而又移注文者

五十、错简而失其韵者

五十一、改字而失其韵者

五十二、改字以合韵而实非韵者

五十三、改字以合韵而反失其韵者

五十四、改字而失其韵又改注文者

五十五、改字而失其韵又删注文者

五十六、加字而失其韵者

五十七、句读误而又加字以失其韵者

五十八、既误且脱而失其韵者

五十九、既误且倒而失其韵者

六十、既误且改而失其韵者

六十一、既误而又加字以失其韵者

六十二、既脱而又加字以失其韵者

以上六十二例，大致可以分为四种情况：（一）从一至十六，是由于抄写者不慎而误者；（二）从十七至二十七，是由于不识古字、不审文义而妄改致误者；（三）从二十八至四十四，是原误而妄改，所谓以误改误；（四）从四十五至六十二，是不明古音而误者。

这里限于篇幅，不可能按照王氏这个细目，逐项举例说明，只能按误字、衍文、脱文、倒置四大类举例，并随例说明致误的原因。

第一节 误字

一 形近而误

形近而误有许多原因，有的是由于不识古字而误的。如：

（1）《墨子·所染》："晋文染于舅犯高偃。"

王念孙《读书杂志·墨子第一》："毕（沅）云：'高偃未详。《吕氏春秋》高作郄，疑当为郄，晋有郄氏。'念孙案：高当为章，章即城郭之郭，形与高相近，因讹为高。（原注：贾子《过秦篇》'据亿丈之章'，今本章讹作高）《墨子》多古字，后人不识，故传写多误耳。《左传》晋大夫卜偃，《晋语》作郭偃。（原注：韦注曰：郭偃，晋大夫卜偃也）《商子·更法篇》、《韩子·南面篇》并与《晋语》同。《吕氏春秋》作郄偃，郄即郭之讹，非郄氏之郄也。《太平御览·治道部一》引《吕氏春秋》正作郭偃。"

（2）《墨子·备蛾傅》："敢问适（敌）人强弱，遂以傅城，后上先断，以为洼程。"

王念孙《读书杂志·墨子第五》："毕（沅）云：'洼字未详。'念孙案：洼者法之误耳。言敌人蛾附登城，后上者则断之，以此为法程也。（原注：《吕氏春秋·慎行篇》曰：后世以为法程。《说苑·至公篇》曰：犯国法程。《汉书·贾谊传》曰：后可以为万世法程）篆书去字作𠫓，𠙴作𠙴，二形相似。隶书去作去，𠙴作去，亦相似，故从去从𠙴之字传写多误。"[1]

（3）《墨子·尚贤上》："虽在农与工肆之人，莫不竞劝而尚意。"

孙诒让《墨子间诂》卷二："意疑当为悳，形近而讹。悳正字，德叚借字。"[2]　　按《说文·心部》："悳，外得于人，内得于己也。从直从心。"《说文·彳部》："德，升也。"是道德之本字为悳，后常用德字，为通借字。此因不识悳字而误为意字。

（4）《史记·五帝本纪》："高辛生而神灵，自言其名。"张守节《正义》："《帝王纪》云：'帝俈高辛，姬姓也。其母生见其神异，自言其名曰夋。'"

吴忠匡《〈史记〉中华书局点校本订误》："案：南宋淳熙三年张杅桐川郡斋本作'自言其名曰夋'。与《索隐》本、《初学记》引《帝王本纪》同，它本作发者，盖形近致误。又夋同夋，上文'帝喾高辛者'句下《索隐》引皇甫谧云

---

① 王念孙撰：《读书杂志》，例（1），第 560 页；例（2），第 619 页。

② 孙诒让：《墨子间诂》，中华书局 1954 年版，第 28 页。

'帝喾名夋也'可证。"①　　按夋字误，应改作夋。《说文·山部》："夋，高也。峻，夋或省。"夋为夋、峻之异体。校者不识夋字。因误作夋。

有的由于不识隶书、俗字、简笔字而误改的。如：

（5）《广雅·释诂》："乎，极也。"

王念孙《广雅疏证》卷一："乎训为极，义无所取。盖卒字之误。卒隶或作卒，因误而为乎。凡从卒之字，亦有误为乎者。《士冠礼》注云：'古文崪为呼。'是也。《尔雅》：'卒，终也。'穷、卒、终三字相承，皆极之义也。"

（6）《广雅·释诂》："朊，竟也。"

王念孙《广雅疏证》卷三："朊，各本皆作旽。朊字俗书作朊，因讹为旽，惟影宋本不讹。《说文》：'朊，竟也。'朊、疆、竟，古声并相近。"②

（7）《淮南子·原道》："是故鞭噬狗，策蹄马，而欲教之，虽伊尹、造父弗能化。欲寅之心亡于中，则饥虎可尾，何况狗马之类乎？"

①　吴忠匡：《〈史记〉中华书局点校本订误》，《文史》第七辑，中华书局1979年版，第277页。

②　王念孙撰：《广雅疏证》，江苏古籍出版社1984年版，例（5），第19页；例（6），第74页。

　　王念孙《读书杂志·淮南内篇第一》："欲寅之心，寅当为宾，字之误也。宾与肉同，欲肉者，欲食肉也。诸本及庄本皆作'欲害之心'，害亦宾之误。《文子·道原篇》亦误作害。刘绩注云：古肉字。则刘本作宾可知，而今本亦作害，盖世人多见害，少见宾，故传写皆误也。"[①]　　按宾为肉之俗字，见《干禄字书》及《广韵》。《墨子·迎敌祠》："狗彘豚鸡食其宾。"用此字。

　　陈垣《元典章校补释例》有"不谙元时简笔字而误例"，云："元刻《元典章》简笔字最多，后来传抄者或改正，或仍旧，各本不同。惟沈刻则大率改正，间有不知为简笔而误为他字者。"陈氏在书中举"无"字例甚详。按《说文·亡部》："旡，亡也。无，奇字。"后来"无"常用作"無"之简笔字，如《易经》用"无"字。元刻本《元典章》"無"字均作"无"，而后来的沈氏刻本均误作"元"字。如"无图小人"，无图是无赖的意思，沈刻本误作"元图小人"，就不知所云了。再由于"无"误作"元"，沈刻本又把"元"误改作"原"。如"若无文案者似难追究"，沈刻本误作"若原文案者似难追究"，与原来的意思大有出入。再由于"无"误作"元"，而又由"元"误作"员"字者，因元、员两字音近的缘故。又元刻本"撫州"作"抚州"，

---

① 王念孙撰：《读书杂志》，第765页。

沈刻本竟误作"杭州"。甲误为乙，乙又误为丙，一误再误，与原文相去愈远，如无善本对校，根本无法校正。[1]

也有仅因两字形近而误者，其例更多，古书中触目皆是。如：

（8）《老子》十五章："俨兮其若客，涣兮若冰之将释，敦兮其若朴。"

朱谦之《老子校释》："河上公作'俨兮其若客'，王弼作'俨兮其若容'。案'客'字与下文释、朴、谷、浊等四字为韵，作'容'者非也。"　按帛书《老子》甲乙本均作"客"。[2]

（9）《管子·法禁》："聚徒成群。"

《管子集校》："洪颐煊云：'戚群当作成群。下文云：常反上之法制，以成群于国。《法法篇》：则人臣党而成群。其证也。'维遹按：'洪说是也。《荀子·宥坐篇》亦有聚徒成群语。'"[3]

（10）《管子·小匡》："若不生得，是君与寡君贼比也，非弊邑之君所谓也。"

王念孙《读书杂志·管子第四》："念孙案：谓当为请，

---

① 陈垣撰：《校勘学释例》（即《元典章校补释例》），中华书局 1959 年版，第 55 页。

② 朱谦之撰：《老子校释》，中华书局 1984 年版，第 59 页。又马王堆汉墓帛书整理小组：《马王堆汉墓出土〈老子〉释文》，《文物》1974 年第 11 期。

③ 郭沫若、闻一多、许维遹撰：《管子集校》，科学出版社 1956 年版，第 216 页。

字之误也。《左传正义》引作'非弊邑之所请也'。《齐语》作'若不生得以戮于群臣，犹未得请也'。上文请字凡五见，皆其证。"①

（11）《荀子·君道篇》："便嬖左右者，人主之所以窥远收众之门户牖向也。"

蒋礼鸿《义府续貂》："收众当作牧众，字之误也。《韩诗外传》六：'王者必立牧方二人，使窥远牧众也。'又曰：'故牧者，所以开四目，通四聪也。'《外传》之'窥远牧众'，即《荀子》之'窥远牧众'甚明。《方言》十二：'牧，察也。'《白虎通·封公侯篇》：'使大夫往来牧视诸侯，故谓之牧。'然则牧有视察之义，故与窥为对。"②

（12）《史记·秦始皇本纪》："常以十倍之地，百万之众，叩关而攻秦。"

张文虎《校刊史记集解索隐正义札记》卷一："叩关，《陈涉世家》作'仰关'，与《新书》、《汉书》合。盖本作'卬'，形近讹为叩。《文选》同。"

（13）《史记·项羽本纪》："毋从俱死也。"

张文虎《校刊史记集解索隐正义札记》卷一："《杂志》云：'從'当为'徒'。《汉书》作'特'，苏林曰：'特，但

---

① 王念孙撰：《读书杂志》，第 443 页。
② 蒋礼鸿：《义府续貂》，中华书局 1981 年版，第 106 页。

也。'特、但、徒一声之转。"①

（14）《史记·魏世家》："韩亡，秦有郑地，与大梁鄁。"

《索隐》云："《战国策》鄁作鄢字为得。" 按《索隐》说是。帛书《战国纵横家书·朱己谓魏王章》作"与大梁鄢"。②

（15）《汉书·高祖纪上》："怀王诸老将皆曰项羽为人慓悍祸贼。"

《汉书补注·高祖纪上》："颜师古注：'慓，疾也。悍，勇也。祸贼者，好为祸害而残贼也。'王念孙云：'祸贼当从《史记》作猾贼。《一切经音义》一引《三仓》云：猾，黠恶也。《酷吏传》宁成猾贼任威是也。猾贼与慓悍义相承，祸贼则非其义矣。'"③

（16）《文选》司马相如《上林赋》："柔桡嫚嫚。"

胡绍煐《文选笺证》卷十："善（缓）音于圆切，则本作嬛嬛，与《汉书》同。《史记》亦作嬛，徐广音娟。《索隐》引《广雅》'嫚嫚，容也'。今《广雅》作嫚嫚，是其证。《说文》：'嫚，好也。'此作嫚，盖后人所改。" 按

---

① 张文虎：《校刊史记集解索隐正义札记》，中华书局1977年版，例（12），第78页；例（13），第82页。

② 《史记》，中华书局1959年版，第1857页。又马王堆汉墓帛书整理小组编：《马王堆汉墓帛书：战国纵横家书》，文物出版社1976年版，第58页。

③ 王先谦撰：《汉书补注》，第33页。

黄季刚《评点昭明文选》中亦云此"嫚"字当为"㜝"。①

(17)《说文·人部》:"偶,桐人也。"

钱大昕《十驾斋养新录》卷四:"桐当作相。《中庸》:'仁者人也。'郑康成读如相人偶之人。《仪礼》注屡言相人偶(自注:惠氏《九经古义》、臧氏《经义杂记》援引详矣),此其证也。吴明经凌云云:'旧板《玉篇》:偶,相人也。今本相作桐,盖好事者依今《说文》辄改。'又鲍彪注《战国策》全据《说文》为训,其注《齐策》亦云:'偶,相人也。'是鲍所见《说文》犹作相字。"②

(18)《广雅·释训》:"夏夏,行也。"

王念孙《广雅疏证》卷六上:"诸书皆无夏夏之文。夏夏,当作优优,字之误也。《说文》:'优,和之行也。'引《商颂·长发篇》:'布政优优。'今本作'敷政优优'。"③

(19)《颜氏家训·书证》:"《后汉书》:酷吏樊晔为天水郡守,凉州为之歌曰:'宁见乳虎穴,不入冀府寺。'而江南书本'穴'皆误作'六'。学士因循,迷而不寤。夫虎豹穴居,事之较者;所以班超云:'不探虎穴,安得虎子?'宁当论其六七耶?"④

---

① 胡少煐:《文选笺证》,聚学轩丛书本,卷十,第26页。又《黄季刚先生遗书》,石门图书公司1980年版。

② 钱大昕:《十驾斋养新录》,中华书局1936年版,第68页。

③ 王念孙撰:《广雅疏证》,第182页下。

④ 颜之推撰,王利器集解:《颜氏家训集解》,上海古籍出版社1980年版,第424页。

（20）毛晋刻赵长卿《惜香乐府》卷九《念奴娇·上张
南丰生日》："板怀玉燕，此时嘉梦重育。"

"板"当作"投"，字之误也。"投怀玉燕"系用张说
典故。五代后周王仁裕《开元天宝遗事·梦玉燕投怀》云：
"张说母梦有一玉燕自东南飞来，投入怀中，而有孕，生说，
果为宰相，其至贵之祥也。"此盖赵词所本。①

形近而误是古书最常见的情况，上文曾提陶渊明《读〈山
海经〉》诗有一个本子一句五字全误，都是由于形近而误。黄季
刚先生《量守庐群书笺识》中校《吕氏春秋》高诱注，有一条注
文仅七字，竟误了五字，也是由于形近而误。

（21）《吕氏春秋·适音篇》："太小则志嫌，以嫌听小，
则耳不充。"高诱注："嫌聽譬自嫌之嫌。"

黄氏《笺识》："'嫌聽譬自嫌之嫌'七字，当作'嫌
读群公慊之慊'。《公羊文十三年传》：'群公廩。'此何休本
也。《诗·采薇》正义引《易》'为其慊于无阳也'郑玄注：
'慊，读如群公溓之溓。古书篆作立心，与水相近，读者失
之，故作慊。慊，杂也。'此郑所见本也。高氏所见略与郑
同。而溓字则作慊，慊义则训约，与何、郑训杂又异。其

---

① 《文教资料简报》1986 年第 3 期。

所注《吕览》、《淮南》两引此文，而今本皆误不可晓。《淮南·原道》：'不以慊为悲。'注云：'慊，约也。慊读辟向慊之慊。'详此句上文有云：'不以廉为悲。'注云：'廉，犹俭也。'是俭与廉字同，约与俭义同。'辟向慊'者，则'群公慊'之误也。群字或作君旁羊，故与辟形近；公字与向形亦近；慊者，则郑君所云篆作立心与水相近者也。《吕览》此文之嫌，与《淮南》之廉同义，故高氏亦以《公羊》说之。聽者，讀之误，又缘文有聽字，愈易淆讹；辟者，先讹群作辟，后加言作辟；自为公之讹，犹向为公之讹；缘正文有嫌字耳。此条讹文，盖仰思两昼夜而得之，校理旧文，亦何容易乎？"①

　　按黄先生这一条不仅校正了《吕氏春秋·适音篇》高诱注中五个错字，同时还解决了另外两个问题：（一）《公羊传·文十三年》："群公廪"有三个不同的本子：何休所见本作"廪"，郑玄所见本作"潇"，高诱所见本作"慊"；（二）《淮南子·原道》高诱注："慊读辟向慊之慊"，应作"慊读群公慊之慊"，校正二字。博学如黄氏，校此条竟费两昼夜，才得正其误。可见校勘之事，非深思熟虑，不能有所得。

---

① 黄侃笺识，黄焯编次：《量守庐群书笺识》，武汉大学出版社 1985 年版，第 390—391 页。

二 音同、音近而误

先秦古籍中，同音通借特别多，两汉著述里通借字也不少。同音通借与音同音近而字误，这两种情况，实在很难区别。如下边两个例子，有人说是由于声近而误，有人说是通借字：

(22)《礼记·昏义》："为后服资衰，服母之义也。"

郑玄注："资当为齐，声之误也。"《释文》："资依注作齐，音咨。注又作齍者同。"阮元《校勘记》云："按依《说文》当作齍，从衣，齐声。经传多假齐为之，资亦假借字。古音次声、齐声同部也。"[1]

依郑玄说，"资"应作"齐"，是由于音近而误。阮元认为"资"是通借字，不能算误字。两人说法不同。

(23)《汉书·武帝纪》："择兵振旅。"

王先谦《汉书补注》："择当为释，字之误也。……古书释、泽通作释，择不通作，因形近致讹耳。" 按释、择两字既为形近，又为音近。

---

[1] 阮元校刻：《十三经注疏》，第 1685 页。

杨树达《汉书窥管》卷一："凡同声类之字皆可通作。择、释同从睪声，自可通作，王说非。"[1]

其实不能一概而论，有些过去无通借用例的，应看作音近而误，加以校正。如：

（24）《墨子·兼爱下》："提挈妻子，而寄托之，不识于兼之有是乎，于别之有是乎？"

孙诒让《墨子间诂》引戴望云："'有'字皆'友'之声误。"[2]

按"兼之友"，指主张兼爱的朋友；"别之友"，指不主张兼爱的朋友。上文"必为其友之身，若其身，为其友之亲，若其亲"，诸"友"均用本字，不作"有"。则"兼之有"、"别之有"之"有"字，应视为音近而误，戴说是。又如：

（25）《贾谊新书·过秦论下》："其交未亲，其名未附。"

陶鸿庆《读诸子札记》十："名当为民，二字声近，又涉下'名曰亡秦'而误也。《史记》作'其下未附'，文异

---

① 杨树达：《汉书窥管》，上海古籍出版社1984年版，第57页。
② 孙诒让：《墨子间诂》，第74页。

而义同。"① 　　按陶说是。名借作民，未见用例，应看作二字声近而误。

从汉以后，在经史和文集里，通借字要少得多，即使用通借字，都是前人常用的通借字，这些通借字，基本上已成通用字。像下边举的一些例子，显然都是由于音同、音近而误的字，不能看作通借字。

(26)《旧唐书·代宗纪》："（大历二年正月）甲子，以兵部侍郎张仲光为华州刺史、潼关防御使。"（中华书局1975 年版，第 285 页）

"仲"是"重"之误。《旧唐书》卷一二○《郭子仪传》："因兵部侍郎张重光宣慰回，附章论奏曰……代宗省表。"卷十一《代宗纪》："（大历三年九月）庚寅，以前华州刺史张重光为尚书左丞。"《文苑英华》卷三八《中书制诰》六《南省》一《左右丞》常衮《授张重光尚书左丞制》："银青光禄大夫、前华州刺史、兼御史大夫、充镇国军及潼关防御等使、上柱国、清河县开国侯张重光……可行尚书左丞。"

(27)《旧唐书·敬宗纪》："（宝历二年十二月）辛丑，

---

① 　陶鸿庆：《读诸子札记》，中华书局 1959 年版，第 297 页。

帝夜猎还宫，与中官刘克明、田务成、许文端打毬，军将苏佐明、王嘉宪、石定宽等二十八人饮酒。"（第 522 页）

"成"是"澄"之误。《太平御览》卷一一一四《皇王部》三九《敬宗昭愍皇帝》引《唐书》："（宝历二年）十二月辛丑，帝夜猎还宫，与中官刘克明、田务澄、许文端打毬，军将苏佐明、王嘉宪、石定宽等饮酒……"《资治通鉴》卷二四三《唐纪》五十九："（宝历二年）十二月辛丑，上夜猎还宫，与宦官刘克明、田务澄、许文端及击毬军将苏佐明、王嘉宪、石从宽、阎惟直等二十八人饮酒。"《新唐书》卷二〇八《宦者传》下《刘克明传》："帝猎夜还，与克明、田务澄、许文端、石定宽、苏佐明、王嘉宪、阎惟直等二十有八人群饮。"

（28）《旧唐书·高宗纪下》："帝崩于真观殿。"（第 112 页）

"真"是"贞"之误。《太平御览》卷一一〇《皇王部》三十五《高宗天皇大帝》引《唐书》："帝崩于贞观殿。"《新唐书》卷三《高宗纪》："上崩于贞观殿。"[1]

以上三例引自卞孝萱《新版〈旧唐书〉漏校一百例》，该文所校均直接引用史籍为证，极为精当。这里所引用三例是唐时人

---

[1] 卞孝萱：《新版〈旧唐书〉漏校一百例》，《中国历史文献研究集刊》第二集，湖南人民出版社 1981 年版，第 169—187 页。例（26）、（27）同。

名、地名，决非通借，无疑是由于音同音近而误。

在唐宋及以后的通俗文学作品里，却出现了大量的同音误字。如敦煌变文的写本里，到处都是。有的字从上下文还容易看出，有的则不容易看出。校勘时应该作校记或旁注改正。这里举《伍子胥变文》[①]中部分的例子（下列括号中是改正的字）：

诤（争）侵	姓仵（伍）	清（请）托
喜不自昇（胜）	博（薄）暮	列（烈）女
恋（脔）割	木剧（屐）	诛戮之寋（愆）
宝剑相雠（酬）	明王有敢（感）	麦饭一讴（瓯）
风流如（儒）雅	舞道（蹈）	下知地里（理）

后来如《京本通俗小说》等宋元话本，也或多或少有这类同音误字。

《元典章》虽不是通俗文学作品，但是由于辗转传抄，其间讹误衍倒之处特别多。陈垣《元典章校补释例》[②]也有"声近而误例"一节。他说："声近而误，有由于方音相似者，有由于希图省笔者。"兹略举数例：

官例（吏）	计典（点）	多（都）省

---

① 　王重民等编：《敦煌变文集》，人民文学出版社 1957 年版，卷一，第 1 页。

② 　陈垣撰：《校勘学释例》，第 23 页。

搬（奔）丧　　　　观里（礼）　　　　局（逐）项

三　一字误为二字、二字误为一字

今见秦汉间竹简、帛书以及敦煌写卷等，其字体款行，有工整划一的，但大都是大小不匀，疏密相间。后人誊抄者，如不谙字句内容，仅是依样葫芦，就产生将一字误分为二字，二字误合为一字的情况。

古书中一字误为二字者。如：

（29）《论语·述而》："子曰：加我数年，五十以学易，可以无大过矣。"

朱熹《论语集注》："刘聘君见元城刘忠定公，自言尝读他《论》，'加'作'假'，'五十'作'卒'。盖'加'、'假'声相近而误读，'卒'与'五十'字相似而误分也。愚按此章之言，《史记》作'假我数年，若是我于易则彬彬矣'。'加'正作'假'，而无'五十'字。盖是时孔子年已几七十矣。'五十'字误无疑也。"[1]

（30）《礼记·祭义》："燔燎膻芗，见以萧光。……荐黍稷，羞肝肺，首心，见间以侠甒。"

---

[1]　《四书五经》，中国书店 1985 年据世界书局本影印，《论语》，第 29 页。

郑玄注："'见'及'见间'皆当为'觋'字之误也。……觋以侠甒，谓杂之两甒醴酒也。"孔颖达疏："凡觋者，所见错杂之义。"①　　按依郑玄说，则前"见"应作"觋"；后"见间"二字，原为"觋"一字。

（31）《礼记·缁衣》："信以结之，则民不倍。恭以莅之，则民有孙心。"

惠栋《九经古义·礼记下》："栋谓《缁衣》'孙心'当作'愻'。犹《祭义》'见间'当为'觋'。……《说文》：'愻，顺也。'《书》云：'五品不愻。'今本《尚书》作训。古文《尚书》作愻。今孔氏本作孙。古文亡矣。《缁衣》犹存古字，毛居正作正误，又从而改之，益叹识字之难。"②

按惠说是，依句式，此亦应为四字。

（32）《国语·晋语四》："吾观晋公子贤人也。其从者，皆国相也。以相一人，必得晋国。"

俞樾《古书疑义举例》卷五："按：僖公二十三年《左传》曰：'吾观晋公子之从者，皆足以相国；若以相，夫子必反其国。'疑此文'一人'二字乃'夫'字之误。'以相'绝句，即《左传》所谓'若以相'也。'夫必得晋国'绝句，即《左传》所谓'夫子必反其国'也。夫者，指目其人之辞，说详襄二十三年《左传正义》，今误作'一人'二字，

---

① 阮元校刻：《十三经注疏》，第 1596 页。
② 阮元编：《皇清经解》，点石斋石印本，卷五十，第 14 页后。

义不可通矣。"①

（33）《孟子·公孙丑上》："必有事焉而勿正，心勿忘，勿助长也。"

顾炎武《日知录》卷七："倪文节（原注：思）谓当作'必有事焉而勿忘；勿忘，勿助长也'。传写之误，以'忘'字作'正心'二字。言养浩然之气，必当有事而勿忘，既已勿忘，又当勿助长也。叠二'勿忘'，作文法也。按《书·无逸篇》曰：'自时厥后立王，生则逸。生则逸，不知稼穑之艰难。'亦是叠一句，而文愈有致。今人发言，亦多有重说一句者。《礼记·祭义》：'见间以侠甒。'郑氏曰：'见间当作觊。'《史记·蔡泽传》：'吾持粱刺齿肥。'《索隐》曰：'刺齿肥'当为'齧肥'。《论语》：'五十以学易。'朱子以为五十当作'卒'。此皆古书一字误为二字之证。"②

（34）《贾谊新书·过秦论中》："故先王者见终始之变。"

俞樾《诸子平议》卷二十七："樾谨按：此本作'故先王觊终始之变'，'觊'字误分为'者见'二字。亦犹《礼记·祭义篇》分'觊'为二字矣。"③　　按曾见《古文辞类纂》一本作"故先王见终始之变"，以"者"为衍文而删。亦可备一说。

① 俞樾撰：《古书疑义举例》，商务印书馆1939年版，第71页。
② 顾炎武：《日知录》，商务印书馆1934年版，卷三，第43页。
③ 俞樾：《诸子平议》，中华书局1954年版，第544页。

古书中又有两字误合为一字者。如：

（35）《左传·襄九年》："十二月，癸亥，门其三门。闰月，戊寅，济于阴阪，侵郑。"

杜预注："以长历参校上下，此年不得有闰月戊寅。戊寅是十二月二十日。疑'闰月'当为'门五日'。'五'字上与'门'合为'闰'。则后学者自然转'日'为'月'。"① 按"门其三门"，谓攻其三面城门；"门五日"，谓轮番每门攻五天。三门共十五日，从癸亥至戊寅为十六日。则攻十五日，明日戊寅于阴阪渡河。日数完全吻合，杜说可信。

（36）《礼记·檀弓上》："从母之夫，舅之妻，二夫人相为服。"

俞樾《古书疑义举例》卷五："按'夫'字衍文也。'二人'两字误合为'夫'字，学者旁识'二人'两字，以正其误，而传写误合之，遂成'二夫人'矣。《国语》'夫'字误分为'一人'二字。《檀弓》'二人'字误合为'夫'字。甚矣古书之难读也。"②

（37）《战国策·赵策四》："太后明谓左右：'有复言令

---

① 阮元校刻：《十三经注疏》，第 1943 页。
② 俞樾撰：《古书疑义举例》，第 72 页。

长安君为质者，老妇必唾其面。'左师触詟愿见太后，太后盛气而揖之。"

王念孙《读书杂志·战国策二》："吴（师道）曰：'触詟，姚（宏）云一本无言字。《史》亦作龙。案《说苑》（原注：《敬慎篇》）鲁哀公问孔子，夏桀之臣，有左师触龙者，诌谀不正。人名或有同者，此当从詟以别之。'念孙案：吴说非也。此策及《赵世家》皆作'左师触龙言愿见太后'。今本'龙言'二字误合为'詟'耳。太后闻触龙愿见之言，故盛气以待之。若无'言'字，则文义不明。据姚云：'一本无言字'，则姚本有'言'字明矣。而今刻姚本亦无'言'字，则后人依鲍本改之也。《汉书·古今人表》正作'左师触龙'；又《荀子·议兵篇》注曰：'《战国策》赵有左师触龙'；《太平御览·人事部》引此策曰：'左师触龙言愿见'，皆其明证矣。又《荀子·臣道篇》曰：'若曹触龙之于纣者，可谓国贼矣。'《史记·高祖功臣侯者表》有临辕夷侯戚触龙，《惠景间侯者表》有山都敬侯王触龙。是古人多以'触龙'为名，未有名'触詟'者。" 按近年马王堆出土帛书《战国纵横家书》有记触龙见赵太后事，正作"左师触龙言愿见"[1]，与王念孙校合。

（38）《管子·牧尼》："右士经。"

---

① 王念孙撰：《读书杂志》，第58页。又马王堆汉墓帛书整理小组编：《马王堆汉墓帛书：战国纵横家书》，第74页。

《管子集校》第一："顾广圻云：'士'字当是'十一'二字并写之误。"①

（39）《淮南子·说林》："狂者伤人，莫之怨也；婴儿詈老，莫之疾也。贼心芯。"

王念孙《读书杂志·淮南内篇第十七》："高注曰：'贼，害。'陈氏观楼曰：'芯字当为亡也二字之讹。亡，无也。言狂者与婴儿，皆无贼害之心，故人莫之怨也。《意林》引此作无心也，盖脱贼字。'"②

（40）《南齐书·高帝上》："秉弟遐坐通嫡母殷氏养女。殷舌中血出，众疑行毒害。"

张元济《校史随笔·南齐书》："三朝本、汲古本均作'殷言中血出'，言字不可通，明监本改为舌字。然其人生存，仅仅舌中血出，何足以云毒害，是本（指绍兴蜀中重刊本）乃作'殷亡，口中血出'。原板亡口二字略小，墨印稍溢，遂相混合，由'亡口'而误为'言'，由'言'而变为'舌'，愈离愈远矣。按《宋书·长沙景王道怜传》：'义宗子遐，字彦道，与嫡母殷养女云敷私通。殷每禁之。殷暴卒，未大殓，口鼻流血。'与是本'殷亡，口中血出'云云，相合。殿本沿监本之讹，而案情轻重，相去不可以道

---

① 郭沫若、闻一多、许维遹撰：《管子集校》，第12页。
② 王念孙撰：《读书杂志》，第921页。

里计矣。"①

四　不明词义而妄改

古书中常有原书不误，而由于校者不明词义，凭臆妄改。有的原来一本是正的，一本是误的，校者不从正者，反从其误者。上边举的"形近而误"、"音近而误"等，多数是无心之误；而这一类可说是有心之误。后来的校者发现和改正它的错误，也比较难一些。

　　(41) 司马相如《长门赋》："愿赐问而自进兮，得尚君之玉音。"李善注："愿君问己，因而自进也。"

　　徐复《读〈文选〉札记》云："'愿君问己'，与赐问之义尚隔，疑此'赐问'为'赐间'之误。古书多有'赐间'二字连用者，如《史记·范睢列传》：'臣愿得少赐游观之间，望见颜色。'此为'赐间'二字之确诂。《韩非子·外储说右上》：'秦惠王爱公孙衍，与之间，有所言。'间亦谓间隙，'与之间'即'赐间'也。又'问'、'间'二字形近，其误亦时有之。如《汉书·赵尧传》：'高祖独心不乐，悲歌。群臣不知上所以然，尧进请间。'景祐本《汉

① 　张元济：《校史随笔》，商务印书馆 1957 年版，第 36 页。

书》'间'作'问'。宋祁曰:'问,疑作间。'汪文盛本从
宋改。王念孙《读书杂志》则谓:'请问义自可通,不当辄
以意改。'揆之文义,王说似属可商。《汉书》'尧进请间',
与此文'愿赐间而自进',语义正复相似,作请问、赐问,
则太直率无蕴藉矣。"[①]

　　按徐说甚确。《汉书·文帝纪》:"太尉勃进曰:'愿请间。'"
颜师古曰:"间,容也,犹今言中间也。请容暇之,顷当有所陈,
不欲于众显论也。他皆类此。""请间"、"赐间",均为对上将有
陈述时常用之熟语。校者不审,竟改为形近之"问"。此所谓不
误改成误。李善以"请问"作释,王念孙亦以"请问"为"义自
可通"。像这种似是而实非者,最易惑人,是读者、校者最易疏
忽的地方。

　　下面举朱季海《南齐书校议》校正中华书局点校本误校
四则:

　　　　(42)《南齐书·百官》:"存改回沿,备于历代。"(第
　　311页)中华点校本《校勘记》:"'沿'百衲本作'沈',
　　据南监本、殿本改。"

　　　　《校议》:"《后汉书·卢植传》:'植乃上书曰:颇知

---

①　徐复:《读〈文选〉札记》,《南京师院学报》1979 年第 1 期。

今之《礼记》特多回穴。'章怀注：'回穴犹纡曲也。'回沇即回穴。南监本、殿本臆改，不足据。" 按此点校本不从百衲本作"沇"，而反从南监本、殿本误改，因不审"回沇"之义所致。

（43）《南齐书·列传第十五·虞玩之》："或户存而文书已绝，或人在而反托死（板）〔叛〕。……乃别置板籍官。"（第608页）中华点校本《校勘记》："'叛'据南监本及《南史》改。言人在而在籍上妄注死叛也。'板'《南史》、《通典·食货典》、《元龟》四百八十六作'校'。"

《校议》："上云'今户口多少，不减元嘉，而板籍顿阙，弊亦有以'。盖黄籍谓之板籍，名在死籍，谓之死板，缘籍设官，谓之板籍官，萧《书》正可原是'板'字。《论语·乡党》'式负版者'，皇侃《义疏》云：'郑司农注《宫伯》职云：版，名籍也，以版为之，今时乡户籍谓之户版。'是以户籍为版，由来旧矣。"

（44）《南齐书·列传第十九·萧赤斧》："并勋彰中兴，功比申、邵。"（第668页）中华点校本《校勘记》："'申邵'南监本、毛本、殿本、局本作'周邵'。"

《校议》："南监以下臆改，殊谬，百衲本是也。此云：申、邵，《诗·崧高》所谓'维申及甫，维周之翰'，'王命召伯，定申伯之宅'，'申伯之功，召伯是营'者，是也。毛传：'召伯，召公也。'孔疏：'以《常武》之《序》，知召伯是召穆公也。'盖申伯、召伯尝佐成宣王中兴之功，故以为比尔。若是周召，并在周初，当周极盛，焉得承勋彰中兴，而以为比也。召为邵者，《广韵·三十五笑》：'邵，邑名，又姓，出魏郡。周文王子邵公奭之后，实照切七。召，上同。'是也。"

（45）《南齐书·本纪第三·武帝》："四年闰月辛亥，车驾藉田。诏曰：……六（仞）〔稔〕可期。"（第51页）中华点校本《校勘记》："'稔'据南监本、局本改。"

《校议》："按：此用《大招》'五谷六仞'之文，南监臆改，局本承其误耳。"① 　　　按王逸注："言楚国之地肥养，堪用种植五谷，其穗长六仞。"

以上四例都是诸本中有正有误，而校者却取其误者，不从正者。下面一个例子，在正文中前后出现同一词，但其中一处有误字，校者不察，竟依误者改其正者：

（46）蒋礼鸿《敦煌变文字义通释》"保见"条：《庐山远公话》："远公是具足凡夫，敢（感）得阿閦如来受记，唤远公近前：'汝心中莫生怅忘（惘）。汝有宿债未常（偿），缘汝前世曾为保兒，今世令来计会。债主不远，当朝宰相

---

① 朱季海：《南齐书校议》，中华书局1984年版，例（42），第34页；例（43），第77页；例（44），第85页；例（45），第6页。

常邻相公身是。已（以）后却卖此身，得钱五百贯文还他白疰，却来庐山，与汝相见。'"（页174）又："远公曰：'缘贫道宿世曾为保儿（兒），有其债负未还，欲得今世无冤，合来此处计会。……'"（页190）下文又说："相公遂于白疰边借钱五百贯文。是时贫道作保。""贫道为作保人，上（尚）自六载为奴不了。"（页191）可见"保兒"、"保见"就是"保人"。《变文集》根据"保兒"来改"保见"，却是错的。"见"就是"见证"的"见"，后世房屋田地卖契上有居间作证的人在契上押字，叫做"见卖"，也就是"保见"的"见"。唐释拾得诗："世上一种人，出性常多事。终日傍街衢，不离诸酒肆。为他作保见，替他说道理，一朝有乖张，过咎全归你。"可证"保兒"是"保见"的错误。①

段玉裁在《与诸同志书论校书之难》里说："校书之难，非照本改字不讹不漏之难也，定其是非之难。"②以上几例都是由于校者不审词义，却舍其是者，反取其非者。益信校书之难，难在定是非。

---

① 蒋礼鸿：《敦煌变文字义通释》（增订本），上海古籍出版社1981年版，第42页。
② 段玉裁：《经韵楼集》，清道光刊本，卷十二，第47页。

第二节　衍文

凡非正文之文字，而误入正文者，这是衍文，亦称羡文。衍文应该删去。衍文的原因，主要有下列三种情况。

一　涉上下文而衍

因为上下文有这个字，抄写时不慎而误衍。如：

（47）《左传·庄二十八年》："骊姬嬖，欲立其子，赂外嬖梁五与东关嬖五。"

王引之《经义述闻·春秋左传上》："杜注曰：'姓梁名五。在闺阃之外者。东关嬖五别在关塞者，亦名五，皆大夫，为献公所嬖倖，视听外事。'引之谨案：外嬖对内嬖而言。（原注：《僖十七年传》：'内嬖如夫人者六人。'）骊姬，内嬖也。二五，外嬖也。外嬖二字，统二五言之。东关下不当复有'嬖'字。梁五既称其姓曰梁，东关五不应独略其姓。《广韵》东字注曰：'汉复姓，《左传》晋有东关嬖五。'则东关为姓矣。既以东关为姓，则东关下愈不当有嬖字。如梁五，以梁为姓，而谓之梁嬖五可乎？《汉书·古今人表》正作东关五。韦昭注《晋语》亦曰：'二五，献公嬖大夫梁五与东关五也。'是古文无壁字之明证。杜注皆失之。"①

（48）《尔雅·释地》："北方有比肩民焉，迭食而迭望。"郭璞注："此即半体之人，各有一目、一鼻、一孔、一臂、一脚，亦犹鱼鸟之相合。"

周祖谟《尔雅校笺》："'各有一鼻一孔'唐写本作'各有一目、一鼻孔'。《文选》王元长《曲水诗序》注引作'人各有一目、一鼻孔'。案：《山海经·海外西经》云：'一臂国，一臂，一目，一鼻孔。'即此注所本。今本'鼻'下衍'一'字，当据唐写本改正。"②　按"一鼻"则与常人无异，"一孔"则其义不明。此因上下均有"一"字而误衍。

二　涉注文而衍

注里的字或句子误入正文，因此产生衍文。如：

（49）《诗·王风·丘中有麻》："彼留子嗟，将其来施施。"

陈奂《诗毛氏传疏》卷六："将其来施施，旧本当作

① 王引之撰：《经义述闻》，江苏古籍出版社 1985 年版，第 404 页。
② 周祖谟撰：《尔雅校笺》，江苏教育出版社 1984 年版，第 279 页。

'其将来施'四字。正义：'其将来之时，施施然甚难进而易退。'是孔所据经文本作'其将'也。《家训·书证篇》：'《诗》云将其来施施，《韩诗》亦重为施施。河北《毛诗》皆云施施。江南旧本悉单为施，俗遂是之，恐为少误。'是颜所见江南旧本皆单作'施'。经言'施'，传则重言之，云'施施难进之意'，此犹《桑柔》'旟旐有翩'，'翩翩，在路不息也'。《那》'庸鼓有斁'，'斁斁然盛也'。'万舞有奕'，'奕奕然闲也'。同其句例。诗三章，章四句，每句四字，不应此句独五字。'来施'，不作'来施施'，而颜之推反为江南旧本误，则非也。"①　　按俞樾《古书疑义举例》同陈奂说。以为"涉传笺而误衍下'施'字"。

（50）《周礼·天官·亨人》："职外内饔之爨亨煮，辨膳羞之物。"

王引之《经义述闻·周官上》："煮，即亨也，既言亨，则无庸更言煮。按郑注云：'爨，今之灶，主于其灶煮物。'疏云：'主外内饔爨灶亨煮之事。'皆是以灶释爨，以煮释亨（烹）。而经文原无灶、煮二字也。《唐石经》有煮字，即涉注文而衍，而各本遂沿其误。……《大宰》及《少牢馈食》疏引此皆作'职外内饔之爨亨'，无煮字。《特牲馈食》疏云：'《周礼·亨人》其职主爨亨之事，以供外内饔。'

---

①　陈奂：《诗毛氏传疏》，文瑞楼版，卷六，第10页。

亦无煮字。"　　按孙诒让《周礼正义》卷八:"王说是也。凡经'亨煮'字例作鬻,注乃作煮。此经作煮,与字例亦不合。"①

(51)《大戴礼记·曾子制言中》:"冻饿而守仁,谓其守也,则君子之义也,其功守之义,有知之,则愿也;莫之知,苟我自知也。"

按"谓其守也"、"其功守之义"均为卢辩注文,而误入正文。孔广森《大戴礼记补注》:"宋本以注误入正文,并从《大典》(《永乐大典》)及卢(文弨)本改。"②　　按卢文弨、孔广森校甚是。应作:"冻饿而守仁,则君子之义也。有知之,则愿也;莫之知,苟吾自知也。"王聘珍《大戴礼记解诂》仍保留"其功守之义"一句,文不连贯,应从孔校。

(52)《韩非子·难三》:"且夫物众而智寡,寡不胜众,智不足以遍知物,故则因物以治物。下众而上寡,寡不胜众者,言君不足以遍知臣也,故因人以知人。"

俞樾《古书疑义举例》卷五:"按《韩非》原文本作'且夫物众而智寡,寡不胜众,故因物以治物。下众而上寡,寡不胜众,故因人以知人'。旧注于上句'寡不胜众'

---

① 王引之撰:《经义述闻》,第192页。又孙诒让:《周礼正义》,中华书局《四部备要》本,卷八,第7页后。

② 阮元编:《皇清经解》,卷九七,第7页。

云：言智不足以遍知物也。于下句'寡不胜众'云：言君不足以遍知臣也。传写误入正文而又有错误，遂不可读。"①

古书正文夹注，每以字之大小分别，正文大字，注文亦单行，仅用小字。如抄写时大小不明显，正文与注文常混淆不分。以上所举诸例，大都因此而产生衍文。这里再举《史通》一例，正文注文混乱，以致两者互有衍文、脱文，竟无法句读。

（53）《史通·烦省》："议者苟嗤沈萧之所记［《宋书》、《南齐书》］，事倍于孙习。［皆有《晋史》］华谢之所编［皆有《汉书》］，语烦于班马。"（以上方括号中为注文。下同）

以上所录为清浦起龙《史通通释》经校勘后刊定之文。据浦氏说，此四句原有两种本子：

一本：议者苟嗤沈约［休文，梁人］著《宋书》，衍［字子显］著《齐书》，萧之所记，事倍于孙［孙盛字安国，晋人也］当《晋书》。凿齿［字彦威］亦著《晋书》，习、华、谢之所编，语烦于班、马。

---

①　俞樾撰：《古书疑义举例》，第 65 页。

又一本：议者苟嗤沈约［休文，梁人，著《宋书》］、萧衍［字子显，著《齐书》，萧所记事倍于孙］、孙盛［字安国，晋人，著《晋书》］、习凿齿［字彦威，亦著《晋书》］之所编，语烦于班、马。

浦氏云："初注此书，案头有二本，文异而误同。正凝想间，张生玉谷至，共勘之。拣所两有，汰所两羡，而四句出，遂刊定之。后见别本，一字不爽也。二本大小书杂乱，谬误录后。"又云："二本皆正文夹注之互混也，其文不可以句。而'衍'字、'当'字等之误，更不待言。邢子才言：'日思误书，更是一适。'余读此闷极始悟，不禁为之解颐。"

其后校勘家顾广圻肯定浦氏正文的考订，但认为"《通释》本臆删其注，非是"。顾氏考定如下：

苟嗤沈［约，字休文，梁人，著《宋书》］、萧［衍，字子显，著《齐书》］之所记，事倍于孙［盛，字安国，晋人也，著《晋书》］、习［凿齿，字彦威，亦著《晋书》］；华、谢之所编［华峤、谢忱，亦著《汉书》］，语烦于班、马。①

---

① 刘知幾撰，浦起龙释：《史通通释》，上海古籍出版社 1978 年版，第 269 页。《史通》附《孙潜夫顾千里校勘札记》，商务印书馆《四部丛刊》缩印本，第 163 页。

顾氏之考订，后出转精，可补浦氏之不足。

三　后人旁记之字而误入正文

（54）《管子·枢言》："十日不食，无畴类尽死矣。"

《管子集校》："维遹按：'无畴类'与'尽死'同义，疑'尽死'二字为校者旁注而误入正文。《庄子·让王篇》：'重伤之人无寿类矣。'《吕氏春秋·审为篇》同。'寿'即'畴'之借字，'畴'亦作'噍'，《汉书·高帝纪》：'襄城无噍类矣。'注：'青州俗呼无子遗为无噍类。'青州古属齐国，此齐言也。"①

（55）《老子》二章："万物作而不辞，生而不有，为而不恃。"

朱谦之《老子校释》："罗振玉曰：'生而不有'，敦煌本无此句。谦之案：遂州碑本亦无。《群书治要》卷三十四引同此石。"　按马王堆帛书《老子》甲、乙本均无"生而不有"句。疑为上文"故有无相生"句之校者旁注，而误入正文。②

（56）《山海经·海外南经》："有神人二八，连臂为帝

---

①　郭沫若、闻一多、许维遹撰：《管子集校》，第193页。
②　朱谦之撰：《老子校释》，第11页。又马王堆汉墓帛书整理小组：《马王堆汉墓出土〈老子〉释文》，《文物》1974年第11期。

司夜于此野，在羽民东。其为人小颊赤肩，盡十六人。"

按"盡"，疑为"盖"，形近而误。"盖十六人"是校者"二八"两字之旁注而误入正文。故郭璞注云："疑此后人所增益语耳。"①

（57）《大戴礼记·劝学篇》："珠者，阴之阳也，故胜火；玉者，阳之阴也，故胜水，其化如神。故天子藏珠玉，诸侯藏金石，大夫畜犬马，百姓藏布帛，不然，则强者能守之，知者能秉之，贱其所贵而贵其所贱，不然，矜寡孤独不得焉。"

孙志祖《读书脞录》："'珠者阴之阳也'一段凡七十四字与上下文语意不属，疑他处错简也。《管子·侈靡篇》有此文。孔广森《补注》云：'前文有珠玉，故旁及之。'"② 按孙、孔说是。此七十四字是校者在上文"玉居山而木润，渊生珠而岸不枯"句之旁记之文，后误入正文。

四　不审词义而妄增

原文无此字，校者不明词义，或不审制度，以为脱字而妄增。如：

①　《山海经》，商务印书馆《四部丛刊》本，下册第 36 页后。
②　阮元编：《皇清经解》，卷六二，第 3 页后。

（58）《淮南子·览冥》："夫阳燧取火于日，方诸取露于月。"

王念孙《读书杂志·淮南内篇第六》："案'夫阳燧'本作'夫燧'，今本有'阳'字者，后人所加也。彼盖误以'夫'为语词，又以《天文篇》'阳燧见日，则然而为火，方诸见月，则津而为水'。故加入'阳'字。不知'夫燧'即阳燧也。夫燧与方诸相对为文。《周官·司烜氏》：'掌以夫遂取明火于日。'遂与燧同。郑注曰：'夫遂，阳遂也。'下文云：'夫燧之取火，慈石之引铁'，并以夫遂二字连文。故高注云：'夫，读大夫之夫。'则'夫'非语词明矣。"①

（59）《颜氏家训·风操》："昔侯霸之子孙，称其祖父曰家公。"

卢文弨云："《王丹传》：'丹征为太子少傅。时大司徒侯霸，欲与交友，及丹被征，遣子昱候于道，昱迎拜车下，丹下答之。昱曰：家公欲与君结交，何为见拜？丹曰：君房有是言，丹未之许也。'案：此'孙'字、'祖'字或误衍。"②　　按卢说是。旧校者不知当时称"家公"即指家父，而误以"公"是祖辈之称，故妄增"孙"、"祖"两字。

（60）《晋书·阮瞻传》："举止灼然，见司徒王戎……

---

①　王念孙撰：《读书杂志》，第815页。
②　颜之推撰，王利器集解：《颜氏家训集解》，第83页。

戎咨嗟良久，即命辟之。"

中华点校本《校勘记》："劳格《晋书校勘记》：孙志祖曰'止'字疑衍。'灼然'者，晋世选举之名，于九品中正为第二品。见《温峤传》、《邓攸传》。"又余嘉锡《世说新语笺疏·赏誉》疏云："余考《书钞》六十八引《续汉书》云：'陈寔字仲躬，举灼然，为司徒属，大丘长。'则灼然为科目，自后汉已有之，不起于魏之中正也。"① 按校者不明"灼然"为科目之名，故在"举"字下妄加"止"字，把"灼然"误为形容之词。

（61）《三国志·魏志·王脩传》："魏国既建，为大司农郎中令。"

吴金华《〈三国志〉拾诂》："'大司农'应作'大农'，传写之误也。考历代主管钱谷之职官，周曰'太府'，秦曰'治粟内史'，汉景帝后元元年称'大农令'，武帝太初初年称'大司农'，至献帝建安十八年'魏国既建'之时，则改称'大农'矣。《文选·左太冲魏都赋》李善注云：'建安十八年，始置侍中、尚书、御史、符节、谒者、郎中令、太仆、大理、大农、少府、中尉。'此其明证。《艺文类聚》二十引《魏志》云：'王脩为大农郎中令。'足见唐人所据

---

① 《晋书》，中华书局 1974 年版，第 1386 页。余嘉锡撰，周祖谟、余淑宜整理：《世说新语笺疏》，中华书局 1983 年版，第 458 页。

之古本正作'大农'，此又一明证也。"[1]　　按旧校者因习见"大司农"之称，因此妄加"司"字。

陈垣《元典章校补释例》谓衍文常由于下面这些情况而产生：（一）以已抄为未抄而误衍者；（二）错看前后行字句而误衍者；（三）衍字恒在两行接续之间；（四）有误字既经点灭，后人不察，仍旧录存。[2] 陈氏所述几项都是他的经验之谈，但应加"因不审词义而妄增"一项。

第三节　脱文

脱文有因不慎而误脱的，也有不明文句意义而妄删的。

一　不慎而误脱

其中较多的是因上下有同字而误脱。如：

（62）《晏子春秋·外篇二十》："君乃反迎而贺臣，愚不能复治东阿。"

---

① 吴金华：《〈三国志〉拾诂》，《南京师大学报》1985 年第 3 期。
② 陈垣：《校勘学释例》，第 28 页。

王念孙《读书杂志·晏子春秋二》："案：'君乃反迎而贺臣'，绝句，与上'君反以罪臣'对文。'臣'下当更有一'臣'字，属下句读。今本脱一'臣'字，则文义不明。"①

（63）《列子·仲尼篇》："孤犊未尝有母，非孤犊也。"

杨伯峻《列子集释》："（张湛）注：'此语近于鄙，不可解。'俞樾曰：'"有母"下当更迭"有母"二字。本云：孤犊未尝有母，有母，非孤犊也。……因古书遇重字多省不书，但于字下作二画识之，故传写脱去耳。'伯峻案：俞说是也。张注以为此句不可解，疑其所据本即已脱去，以致文意不明，故谓不可解也。但《道藏》本林希逸《口义》云：'既谓之孤，则未尝有母矣。谓之有母，则非孤犊也。'似其所见本迭'有母'两字，或为后人所增欤？"②

（64）《贾谊新书·过秦论下》："此岂世贤哉？其势居然也。"

陶鸿庆《读诸子札记》十："当依《史记》重'世'字。"③　　按陶说是。必作"世世"，乃合文义。

（65）《汉书·张耳陈馀传》："客有说耳、馀曰：两君羁旅，而欲附赵，难可独立，赵后辅以谊，可就功。"

---

①　王念孙撰：《读书杂志》，第 554 页。
②　杨伯峻撰：《列子集释》，中华书局 1979 年版，第 142 页。
③　陶鸿庆：《读诸子札记》，第 297 页。

王先谦《汉书补注》卷三二："钱大昭曰：'独字下南监本、闽本俱重立字。'先谦曰：官本重'立'字，是也。《史记》亦作'难独立，立赵后扶以义'。"①

（66）《汉书·董仲舒传》："繇此言之，粤本无一仁。"

杨树达《汉书窥管》卷六："树达按：'粤本无一仁'语意未了，当据《繁露》补'而安得三仁'五字。此由句末并有'仁'字，传写混脱耳。"

（67）《汉书·季布栾布田叔传》："赵人举之赵相赵午，言之赵王张敖，以为郎中。"

杨树达《汉书窥管》卷四："李慈铭云：'《史记》午下重一午字，不可省。'"②

也有因上下文有同字或句式相似，而脱十余字者。如：

（68）《逸周书·文傳解》："夏箴曰：'小人无兼年之食，遇天饥，妻子非其有也；大夫无兼年之食，遇天饥，臣妾舆马非其有也。'"孔晁注："古者国家三年必有一年之储，非其有，言流亡也。"

王念孙《读书杂志·逸周书一》："念孙案：此下有'国无兼年之食，遇天饥，百姓非其有也'十五字，而今

---

①　王先谦撰：《汉书补注》，第 923 页。
②　杨树达：《汉书窥管》，例（66），第 438 页；例（67），第 302 页。

本脱之。上文云：'天有四殃，水旱饥荒，其至无时，非务积聚，何以备之。'是专指有国者而言，故此引夏箴以明家国一理之意，若无此十五字，则但言家，而不及国，与上文不合矣。据孔注云'古者国家三年必有一年之储'，此正释国无兼年之食以下十五字，若无此十五字，则又与注不合矣。《墨子·七患篇》引《周书》曰：'国无三年之食者，国非其国也；家无三年之食者，子非其子也。'即是约举此篇之文，若无此十五字，则又与《墨子》不合矣。《群书治要》、《太平御览·时序部二十》、《文部四》、《玉海》三十一所引皆有此十五字。"[①]

王氏举了各方面的证据，校正脱十五字，真精审无疑。其所以有脱文，因为文章原是三排，句式相似，句末均有"非其有也"四字，抄者因误脱一排。

（69）《晏子春秋·外篇十一》："子胥忠其君，故天下皆愿得以为子。"

王念孙《读书杂志·晏子春秋二》："案此文原有四句，今脱去中二句，则文不成义。《秦策》云：'子胥忠其君，天下皆欲以为臣；孝己爱其亲，天下皆欲以为子。'文义正

与此同。下文'今为人子臣'云云，正承上四句言之。"

（70）《淮南子·道应》："令尹子佩请饮庄王，庄王许诺。子佩跽揖北面立于殿下，曰：昔者君王许之，今不果往，意者臣有罪乎？"

王念孙《读书杂志·淮南内篇第十二》："念孙案：《太平御览·人事部一百九》引'庄王许诺'下，有'子佩具于京台，庄王不往，明日'共十二字，今本脱去，当补入。《文选》应璩《与满宠书》注，引此'子佩'作'子瑕'，亦云'子瑕具于京台，庄王不往'。京、强二字古同声而通用，故今本京台作强台。"　按此前后两段均为"子佩"开头，故脱。

（71）《淮南子·人间》："鲁君闻阳虎失，大怒，问所出之门，使有司拘之。以为伤者受大赏，而不伤者被重罪。"

王念孙《读书杂志·淮南内篇第十八》："案：'以为'二字与下文义不相属。《太平御览》引此，作'以为伤者战斗者也，不伤者为纵之者。伤者受厚赏，不伤者受重罪'。是也。今本无'伤者战斗'以下十三字，此因两'伤者'相乱，故写者误脱之耳。"[1]

---

[1] 王念孙撰：《读书杂志》，例（69），第 553 页；例（70），第 869 页；例（71），第 924 页。

也有上下文并无同字，仅因不慎而误脱者，这类例子在古书中也不少。随举数例：

（72）《周易·系辞下》："幾者动之微，吉之先见者也。"孔颖达疏："诸本或有'凶'字者，其定本则无也。"

按《系辞》皆"吉凶"连言。应作"吉凶之先见"。《汉书·楚元王传》："穆生曰：《易》称'知幾其神乎'，'幾者动之微，吉凶之先见者也'。"有"凶"字，可证。①

（73）《汉书·高帝纪下》："今吾以天之灵，贤士大夫定有天下，以为一家。"

杨树达《汉书窥管》卷一："贤上疑脱一'与'字。下十二年诏云：'与天下之豪士贤大夫共定天下'有'与'字，可证。"② 　按缺"与"字，则"贤士大夫"为主语，与文义不合。

（74）《汉书·景十三王传》："尘埃播覆，昧不泰山，何则？物有蔽之也。"

王先谦《汉书补注》卷五二："钱大昭曰：'泰山上脱见字。'先谦曰：'官本有见字。'"③

---

① 阮元校刻：《十三经注疏》，第 68 页。又王先谦撰：《汉书补注》，第 952 页。
② 杨树达：《汉书窥管》，第 25 页。
③ 王先谦撰：《汉书补注》，第 1122 页。

二　不审文义而妄删

这一类可以说是凭意妄改，所谓有心之误。

(75)《老子》三章："常使民无知无欲，使知者不敢为，则无不治。"

朱谦之《老子校释》："据罗氏影印贞松堂藏《西陲秘籍丛残》校敦煌本'敢'下有'不'字。罗《考异》中失校。又遂州碑本亦作'不敢不为也'。强思齐引成玄英疏：'前既舍有欲无欲，复恐无欲之人滞于空见，以无欲为道，而言不敢不为者，即遣无欲也。恐执此不为，故继以不敢也。'是成疏本亦作'不敢不为'。……今案'不敢'、'不为'乃二事，与前文'无知'、'无欲'相对而言。'不敢'断句。"　按朱说是。马王堆帛书《老子》乙本作："使夫知不敢弗为而已，则无不治。"甲本此处残缺。① 盖后人把"不敢不（弗）为"连读，以为既用"不"，又用"弗"，则意思是"有为"，与上文"使民无知无欲"相违，因此妄删"不（弗）"字。朱氏解"不敢"、"不为"为二事，中间点断，极为精审。《老子》的意思是说使一般人做到"无知"、

① 朱谦之撰：《老子校释》，第16页。又马王堆汉墓帛书整理小组：《马王堆汉墓出土〈老子〉释文》，《文物》1974年第11期。

"无欲"，使知者做到"不敢"，并"不为"，这样就能"无不治"了。

（76）《商君书·农战篇》："国作一岁者，十岁强；作一十岁者，百岁强；修一百岁者，千岁强。"

俞樾《古书疑义举例》七："按此承上句'是以圣人作壹，抟之也'而言。本云：'国作壹一岁者，十岁强；作壹十岁者，百岁强；作壹百岁者，千岁强。'乃极言'作壹'之效。本篇'作壹'字屡见。此四言'作壹'，乃一篇之宗旨也。读者误谓'壹'、'一'同字，而于'作壹一岁'句删去'壹'字；于下两句又改'壹'为'一'；末句'作'字又误改为'修'，于是其义全失矣。"① 按《商君书》中之"作壹"，指专心务农。言百姓在一年内专心务农，则可保国家十年强盛。下文意同。

（77）《淮南子·道应》："敖幼而好游，至长不渝。"

王念孙《读书杂志·淮南内篇第十二》："此本作'至长不渝解'。今本无'解'字者，后人不晓'渝解'二字之义而削之也。不知渝与解同义。……《太平御览》引作'至长不渝解'。《蜀志》注引作'长不喻解'。《论衡》作'至长不偷解'。字虽不同，而皆有'解'字。"② 按所谓"不渝解"，是不改变的意思。

---

① 俞樾撰：《古书疑义举例》，第 102 页。
② 王念孙撰：《读书杂志》，第 874 页。

第四节　倒置

倒置指把原来字或句子的位置前后改动。下边分字的倒置和句的倒置两类说明。

一　字的倒置

有的是两个字前后倒置，其意义虽无大出入，但不合习惯用法。

（78）《国语·周语上》："夷蛮要服。"

汪远孙《国语明道本考异》卷一："公序本作'蛮夷'。案蛮夷是也。注中先'蛮'后'夷'，依《周礼》九畿之次第为说。《荀子·正论篇》正作蛮夷。《史记》及《书·禹贡》疏作夷蛮者，已从误本改之。"[1]　按同卷下文云："于是乎有蛮夷之国。"亦作蛮夷。

（79）《淮南子·精神》："是故视珍宝珠玉犹石砾也，视至尊穷宠犹行客也，视毛嫱西施犹颣丑也。"

---

① 《国语》，中华书局袖珍本，第五册《考异》，第 2 页。

王念孙《读书杂志·淮南内篇第七》："引之曰：石砾本作砾石。《说文》：'砾，小石也。'《逸周书·文傅篇》云：'砾石不可谷。'《楚辞·惜誓》：'相与贵夫砾石。'王注云：'相与贵重小石也。'《韩诗外传》云：'太山不让砾石，江海不辞小流。'皆其证也。石与客、魄为韵，若作石砾，则失其韵矣。"

（80）《淮南子·人间》："蠹啄剖柱梁，蚊虻走牛羊。"

王念孙《读书杂志·淮南内篇后叙》："梁与羊为韵，各本作梁柱，则失其韵矣。"①

（81）《汉书·食货志下》，"钱金以巨万计。"

杨树达《汉书窥管》卷三："钱金疑误倒，当作金钱。景祐本同误。"②

有的倒置之后，与原来意义不同。如：

（82）《老子》二十一章："自古及今，其名不去，以阅众甫。"

朱谦之《老子校释》："马叙伦曰：'各本作"自古及今"，非是。古、去、甫，韵。'" 按傅本、王弼本作

---

① 王念孙撰：《读书杂志》，例（79），第 824 页；例（80），第 972 页。
② 杨树达：《汉书窥管》，第 152 页。

"自今及古"，帛书《老子》甲、乙本亦作"自今及古"。①

（83）《庄子·大宗师》："父母之于子，东南西北，唯命之从。"

闻一多《庄子内篇校释》："案当作'子之于父母'，谓子听命于父母也。如今本，则是父母听从于子，庸有当乎？注曰：'自古或有能违父母之命者矣。'疏曰：'夫孝子侍亲，尚驱驰唯命。'是郭、成本尚未倒。"②

（84）《逸周书·作雒》："苴以黄土，苴以白茅，以为土封。"

王念孙《读书杂志·逸周书第二》："卢曰：'以为土封，本一作以土封之。'念孙案：一本是也。以土封之，谓各以一方之土封之，故下句云：'受列土于周室也。'若云'以为土封'，则文意不明。《北堂书钞·礼仪部八》、《艺文类聚·礼部中》、《初学记·礼部上》、《太平御览·地部二》、《礼仪部十一》、《玉海》九十九，并引作'以土封之'。"③

有的倒置之后，不合当时文法，或不成文义。如：

---

① 朱谦之撰：《老子校释》，第89页。又马王堆汉墓帛书整理小组：《马王堆汉墓出土〈老子〉释文》，《文物》1974年第11期。
② 《闻一多全集》第二册，开明书店1948年版，第269页。
③ 王念孙撰：《读书杂志》，第13页。

（85）《老子》二十章：“善之与恶，相去若何？”

按傅本“若何”作“何若”，帛书《老子》甲、乙本均作“何若”。作“何若”是，合当时文法。①

（86）《管子·枢言》：“无善事而有善治者，自古及今，未尝之有。”

王念孙《读书杂志·管子第二》：“引之曰：‘未尝之有’，当作‘未之尝有’。《五辅篇》：‘古之圣主，所以取明名广誉，厚功大业，显于天下，不忘于后世，非得人者，未之尝闻。’文义与此同。”②　按“未尝之有”不合古代文法。

（87）《墨子·七患》：“今有负其子而汲者，队其子于井中，其母必从而道之。今岁凶民饥道饿，重其子此疾于队，其可无察邪？”

王念孙《读书杂志·墨子一》：“引之曰：‘重其子此疾于队’，当作‘此疾重于队其子’。疾，病也。言此病较之队其子者为尤重也。今本颠倒，不成文义。”③

（88）《黄帝内经·素问》：“今时之人，年未半百，而动作皆衰者，时世异邪，人将失之邪？”

---

① 马王堆汉墓帛书整理小组：《马王堆汉墓出土〈老子〉释文》，《文物》1974 年第 11 期。

② 王念孙撰：《读书杂志》，第 403 页。

③ 王念孙撰：《读书杂志》，第 562 页。

胡澍《黄帝内经素问校义》："澍案:'人将失之邪',当作'将人失之邪'。下文曰:'人年老无子者,材力尽邪,将天数然也?'《征四失论》曰:'子年少智未及邪,将言以杂合邪?'与此文同一例。将,犹抑也。"① 按胡说是。旧校者不知这里的"将"字用法同"抑",作选择问的连词用,故妄改置于"人"字之后。

(89)《国语·周语中》:"余一人其流辟,旋于裔土,何辞之有与?"

汪远孙《国语明道本考异》卷一:"公序本'有与'作'与有'。《晋语》:'亡人何国之与有!'句法一例。" 按王引之《经传释词》卷一:"与,语助也。"亦引此《国语》二例。②

(90)《战国策·楚四》:"楚君虽欲攻燕,将道何哉?"

王念孙《读书杂志·战国策二》:"'将道何哉',当作'将何道哉'。道,从也。言楚欲攻燕,兵何从出也。置'道'字于'何'字之上,则文不成义矣。"③

(91)《盐铁论·忧边》:"今子弟远于劳外。"

孙诒让《札迻》八:"按'于劳'二字当乙。"④

---

① 《黄帝内经素问校义》,商务印书馆1939年版,第2页。
② 《国语》,第五册《考异》,第9页。又王引之:《经传释词》,中华书局1956年版,第19页。
③ 王念孙撰:《读书杂志》,第54页。
④ 孙诒让:《札迻》,卷八,第1页。

（92）《汉书·李广苏建传》："女为人臣子，不顾恩义，畔主背亲，为降虏于蛮夷，何以女为见？"

王念孙《读书杂志·汉书第十》："'见'字当本在'女'字上，'何以见女为'，犹《论语》言'何以文为'、'何以伐为'耳。若云'何以女为见'，则文不成义矣。《汉纪·孝昭纪》作'何用见女为兄弟乎'，'为'下加'兄弟'二字，遂失其指。然据此知《汉书》本作'何以见女为'也。"[1]

二　句的倒置

有前后两句倒置的，也有前后两句的主要句子成分倒置的。

（93）《吕氏春秋·重己》："是其所谓非，非其所谓是。此之谓大惑。"

陶鸿庆《读诸子札记》五："'非'、'是'二字当互易。元文本云：'是其所谓是，非其所谓非。'上文云：'其所谓是者，未尝是。'是'是其所谓是'也。又云：'其所谓非者，未尝非。'是'非其所谓非'也。今本互误，则非其旨。高注云：'是己之所是，非己之所非，而以此求同于己者也，故谓之大惑。'是其所见本不误。"[2]

---

① 王念孙撰：《读书杂志》，第315页。
② 陶鸿庆：《读诸子札记》，第91页。

（94）《战国策·楚策四》："昼游乎茂树，夕调乎酸咸。
倏忽之间，坠于公子之手。"

按上云"夕调乎酸咸"，而下接云"倏忽之间，坠于公
子之手"，前后不接。王念孙《读书杂志》以为"倏忽"以
下十字为衍文。金正炜《战国策补释》："'倏忽'以下十字，
当在'昼游'句上，误淆于下，不必为衍文。"金说是。①

（95）《淮南子·要略》："今夫狂者无忧，圣人亦无忧。"

陶鸿庆《读诸子札记》四："愚案：'狂者'与'圣人'
误倒。元文当作：'圣人无忧，狂者亦无忧。'下文云：'圣
人无忧，和以德也；狂者无忧，不知祸福也。'即承此言。
《说山训》云：'圣人同死生，愚人亦同死生。圣人之同死
生，通于分理；愚人之同死生，不知利害所在。'语意与
此同。"②

（96）《三国志·吴书·虞翻传》："翻复怒曰：'当闭反
开，当开反闭，岂得事宜邪？'"

张元济《校史随笔·三国志》谓新疆鄯善出土古写本
《三国志》"当闭反开，当开反闭"两句乙转。③

---

①　诸祖耿撰：《战国策集注汇考》，江苏古籍出版社 1985 年版，第 823 页。
②　陶鸿庆：《读诸子札记》，第 90 页。
③　张元济：《校史随笔》，第 24 页。

第五节　多重误例

　　上边几节谈了误字、衍文、脱文、倒置四类。如果一句中仅有一处错误，是比较容易校正的；一句中有了几处错误，那就比较难校正了。徐复先生曾著《校勘学中之二重及多重误例》一文，就谈到这个问题。他说：“顾乃文句中有一字之舛讹衍夺，比照文义，求之尚易；其有二重及多重之谬误，则非耽思旁讯，即难为订正。此在昔贤，亦曾致力，无如条例未立，所得不多，学者深病之！”该文归纳二重及多重者凡十六例：

　　　　一、上衍下夺例

　　　　二、上夺下衍例

　　　　三、一倒一夺例

　　　　四、一倒一衍例

　　　　五、一倒一误例

　　　　六、一衍一误例

　　　　七、一夺一误例

　　　　八、一误一改例

　　　　九、二形并误例

　　　　十、妄补二字例

　　　　十一、句夺二字例

十二、句衍二字例

十三、二形并误而又误倒例

十四、一字形误径改二字例

十五、一字形误径改三字例

十六、三字形误又衍一字例

当然，古书中的错误，错综复杂，是无法一一列举的。这里十六例也仅是举例性质。兹摘录"一倒一夺例"、"二形并误而又误倒例"各一则：

(97)《荀子·正论篇》："故鲁人以榶，卫人用柯，齐人用一革。"

杨倞注："未详。或曰：《方言》云：'碗谓之榶，盂谓之柯。'"郝懿行注曰："一革二字，虽未能详，然考《史记·货殖传》'齐，为鸱夷子皮'，《索隐》引大颜云：'若盛酒者鸱夷也，用之则多容纳，不用则可卷而怀之。'据此，知鸱夷以革为之。" "复按：郝说革字之义是也。细绎上下文义，似本作'故鲁人以榶，卫人用柯，齐人用革，一也'。今本'一革'两字误倒，又夺句末'也'字，遂昧其旨矣。《孟子·离娄篇》云：'晋之乘，楚之梼杌，鲁之春秋，一也。'又《淮南子·齐俗训》云：'故胡人弹骨，越人契臂，中国歃血也，所由各异，其于信，一也。'古多有此句法，以是明之。" 　　按此为"一倒一夺例"。

（98）《新语·资质篇》："夫穷泽之民，据犁嗝报之士，或怀不羁之才，身有尧舜皋陶之美。"

《四库全书总目·子部·儒家类一》云："《新语》'据犁嗝报'之语，训诂亦不可通，古书佚亡，今不尽见，阙所不知可也。" "复按：'据犁嗝报'句有误倒，骤不可理，今参稽群书，订之如下：此文'嗝报'二字，与'据犁'当为对文，词性亦宜相同，循此求之，疑'报'为'执'字之讹。《汉书·地理志》北海郡有䡊县，师古注曰：'䡊即执字。'䡊从爪，为执之或体，与报形近，故误。又隶书执字或作㔶，《汉淳于长夏承碑》'㔶宪弹绳'，与报形体亦近。又嗝疑楅字之讹。《说文·木部》云：'楅，大车枙，从木，畐声。'段玉裁注云：'楅，《考工记》作鬲，大郑云：鬲，谓辕端厌牛领者。'此文当云'据犁执楅之士'，其义方顺。今本执楅二字误倒，又讹作嗝报，遂无有知其本义者矣。《盐铁论·散不足篇》云：'庶人之乘，马足以代其劳而已，故行则服枙，止则就犁。'枙与楅通，亦以枙犁二字连用，可为确证也。"[1] 　　此为"二形并误而又误倒例"。

---

[1]　徐复：《校勘学中之二重及多重误例》，《新中华》复刊第三卷第 11 期，例（97）同。

　　原文本是像一团乱丝，所以前人说"训诂亦不可通"。校者先从分析文句结构入手，理出一个头绪，然后逐步抽引，使通顺无滞，得其原委。这种校误全凭推理，可算是校勘中高难度的例子。

第二章　篇章校勘

　　篇章校勘是对古籍的整篇或整章的校勘，与前一章所谈的一字一句之校勘不同。先秦、两汉古籍，由于历时久远，各家传授不同，辗转传钞，所以有些书的篇目标题，篇次及内容各方面，已不是原来的样子，须要加以校勘整理，搞清它的原委。汉刘向校雠古书，也从事删除重复的篇章，考订一书篇目次第，这些都是属于篇章校勘的范围。如：《礼记·乐记》孔颖达疏引郑玄《三礼目录》说，这篇《乐记》是由《乐记》一书二十三篇中的十一篇合并而成的。孔疏云：“按郑《目录》云：‘名曰《乐记》者，以其记乐之义。此于《别录》属《乐记》。盖十一篇合为一篇，谓有《乐本》，有《乐论》，有《乐施》，有《乐言》，有《乐礼》，有《乐情》，有《乐化》，有《乐象》，有《宾牟贾》，有《师乙》，有《魏文侯》。今虽合此，略有分焉。’”孔疏又云：“今《乐记》所断取十一篇，余有十二篇，其名犹在。三十四卷记无所录也。其十二篇之名，案《别录》十一篇，余次：《奏乐》第十二，《乐器》第十三，《乐作》第十四，《意始》第十五，《乐穆》第十六,《说律》第十七,《季札》第十八,《乐道》第十九,《乐义》第二十,《昭本》第二十一,《招颂》第二十二,《窦公》第二十三,是也。案《别录》,《礼记》四十九篇,《乐记》第十九,则《乐记》十一篇入《礼记》也,在刘向前矣。至刘向为《别录》时,更载所入《乐记》十一篇,又载余十二篇,总为二十三篇也,其二十三篇之目,今总存焉。"孔疏又引熊安生说:"今之《乐记》十一篇之次,与《别录》不同。"[①] 按今《礼记·乐记》篇末有"子贡问乐"四字,即原来的篇名而没有删去的。"子贡问乐"即郑玄《三礼目录》中之《师乙》篇。孔氏所引的这些资料以及他的论述,是非常宝贵的,基本上考明了《礼记·乐记》一文的原委。这也是篇章校勘的一种。篇章校勘应该先于其他校勘。因为一本书的篇章刊定了,才能谈得上字句的校勘。

近年出土的秦汉帛书简牍很多,有《诗》、《易》、《仪礼》、《老子》、《孙子兵法》、《尉缭子》等十数种,这些都是现在有书的,其他古佚书更多。出土的帛书简牍与现在的书,不仅字句不完全相同,即篇目、章节亦有出入。这是校勘的重要资料。

下边分别谈有关篇章错乱,需要校勘的几种情况。

---

① 　阮元校刻:《十三经注疏》,第 1527、1529 页。

第一节　解说误为正文，另加篇名例

先秦古籍，正文与解说，经与传记，分别很清楚，不相混杂，它的体例有三种：

一、经与传记分别独立成书。如《汉书·艺文志》里有《春秋古经》，别有《左氏传》、《公羊传》、《榖梁传》。有《诗经》，别有《鲁故》、《齐后故》、《韩故》、《毛诗故训传》。近年安徽阜阳汉墓出土竹简，有《诗》，无毛传；有《易》，无十翼。这都说明汉以前经与传都是分开的，各自成书的。

二、正文、解说同在一书，但分别成篇。如《墨子》有《经上》、《经下》，别有《经说上》、《经说下》。《管子》有《牧民》、《形势》、《立政》等篇，另有《牧民解》、《形势解》、《立政九败解》等篇。

三、一篇之中，前为正文，后为解说。如《仪礼》之《士冠礼》前为经文，后为记文，并标明"记"字。《仪礼》共十七篇，经文后附有记者有十三篇。近年马王堆汉墓出土《老子》甲本卷后第一篇古佚书，无篇名。此篇前部分为正文，正文迄，换一行。后为解说，即属这种类型。

但今存古籍，也有不按上述体例，使正文与解说分辨不清。有实为解说，而编校者误为正文，并另标篇名的。如《管子·心术下》与《管子·内业》，内容相似。从古书解说的体例来看，

《管子·心术下》应为《内业篇》之解说。下边举一段为例：

> （1）形不正，德不来，中不静，心不治。正形摄
> 德，天仁地义，则淫然而自至。神明之极照乎知。万物中
> 义，守不忒。不以物乱官，不以官乱心，是为中得。（《内
> 业》）——正文
>
> 形不正者，德不来，中不精者，心不治。正形饰德，
> 万物毕得，翼然自来，神莫知其极。昭知天下，通于四极。
> 是·故·曰·：无以物乱官，毋以官乱心，此之谓内德。（《心术
> 下》）——解说①

《心术下》文中用"是故曰"，下引《内业》文句，这是当时解
说中之常用语式，可以证明《心术下》为《内业篇》解说。何
如璋《管子析疑》于《心术下》云："此篇乃《内业解》，因错
卷在此，遂附以《心术》标目，而分为上下二篇。然其文俱见
《内业》，惟颠倒错乱耳。"按何说是。郭沫若《宋钘尹文遗著
考》谓《心术下》即《内业》之副本。郭在《管子集校》又谓
即《内业》之别本。② 副本、别本与解说不同，郭氏说不及何如
璋说确切。

---

① 《管子》，中华书局1954年版，《内业》，第270页；《心术下》，第222页。
② 郭沫若、闻一多、许维遹撰：《管子集校》，第651页。

又如《商君书》中《弱民》、《说民》两篇，其内容与《去强》篇相类似。三篇均由若干小节集合而成，节与节之间，文气不联，与《老子》体例相似。《去强》文字简要，应为较早的著作。今将三篇内容逐节排比，可以确定《弱民》为《去强》前半部分的解说，《说民》为《去强》后半部分的解说。举数节为例：

（2）以强去强者弱，以弱去强者强。（《去强》）——正文

民弱国强，民强国弱。故有道之国，务在弱民。朴则强，淫则弱。弱则轨，淫则越志。弱则有用，越志则强。故曰："以强去强者弱，以弱去强者强。"（《弱民》）——解说

国有礼有乐，有诗有书，有善有修，有孝有弟，有廉有辩。国有十者，上无使战，必削至亡；国无十者，上有使战，必兴至王。（《去强》）——正文

辩慧，乱之赞也。礼乐，淫佚之征也。慈仁，过之母也。任举，奸之鼠也。乱有赞则行。淫佚有征则用，过有母则生，奸有鼠则不止。八者有群，民胜其政。国无八者，政胜其民。民胜其政，国弱。政胜其民，兵强。故"国有八者，上无以使守战，必削至亡；国无八者，上有以使守战，必兴至王"。（《说民》）——解说[1]

---

[1]　蒙季甫：《商君书说民弱民篇为解说去强篇刊正记》，载蒋礼鸿：《商君书锥指·附录》，中华书局 1986 年版，第 153、156 页。

　　从上引例子可以看出《弱民》、《说民》两篇的文体，都是每段先解说，然后用"故曰"、"故"引出正文。这可以证明这两篇是《去强》的解说。

　　由于当时编校者不明《弱民》、《说民》为《去强》的解说，并且误标篇名，使后来读者不能深知其原委。《去强》等三篇的文字错误甚多，极为费解。现在明确了三篇为正文与解说的关系，就可以互相校订谬误，进一步理解文意。

第二节　解说与正文未加标明例

　　古书中，有前边是正文，后边是解说，而校者不察，未加划分标明。如《仪礼·士相见礼》自"凡燕见于君"以下，言图事、进言、侍坐、赐食、赐饮、执币玉等仪，文体与经文不相似，与《礼记》文相近，应为《士相见礼》之记。[①]这是校者未加划分标明，把记文混入经文。古书中也有把经文混入记文的。如《礼记·投壶》一篇，应为逸礼，其性质与今《仪礼》中的《乡饮酒礼》、《乡射礼》相同。但今入《礼记》，就成为记文了。《投壶》篇自篇首至"正爵既行，请彻马"，为经文，其下为记文。孔颖达疏，在篇首云："投壶是士大夫礼，经云主人

---

① 　阮元校刻：《十三经注疏》，第 977 页。

请宾，是平敌之辞，与乡饮射同，是知士大夫也。"孔疏又于本经各节下云："此一经明……。"① 是孔颖达亦以前为经，后为记。又《礼记·投壶》正经部分与《大戴礼记·投壶》无大出入，可见此经两戴皆传，而自"筭多少视其坐"起为记文，则《礼记》与《大戴礼记》所记不同。孙希旦《礼记集解》于《投壶》篇首云："大夫士与宾客燕饮，而投壶以乐宾，其礼如此，亦《仪礼经》之正篇也。"又在"正爵既行，请彻马"下云："以上《投壶》正经，以下为记也。"② 孙氏说极为明确。

又如《管子》之《心术上》前一部分，从"心之在体"起，至"静因之道也"，为正文。后一部分为正文之解说。举首节为例：

　　（3）心之在体，君之位也。九窍之有职，官之分也。心处其道，九窍循理。嗜欲充益，目不见色，耳不闻声。上离其道，下失其事。毋代马走，使尽其力，毋代鸟飞，使弊其羽翼。毋先物动，以观其则。动则失位，静乃自得。（《心术上》）—— 正文

　　耳目者，视听之官也。心而无与于视听之事，则官得守其分矣。夫心有欲者，物过而目不见，声至而耳不闻也。故曰"上离其道，下失其事"。心术者，无为而制窍者也。

---

① 阮元校刻：《十三经注疏》，第 1665 页。
② 孙希旦注：《礼记集解》第十三册，商务印书馆 1934 年版，第 93 页。

故曰"君"。"无代马走，无代鸟飞"，此言不夺能能，不与下诚也。"毋先物动"者，摇者不定，躁者不静，言动之不可以观也。"位"者，谓所立也。人主者立于阴，阴者静，故曰"动则失位"。阴则能制阳矣，静则能制动矣。故曰"静乃自得"。（《心术上》后部）——解说[1]

唐尹知章《管子注》已言此篇后部为前部之解说，"非管氏之辞"。又说："凡此书之解，乃有数篇，《版法》、《势》之属，皆间错不伦，处非其第。据此则刘向编授之日，由谓为管氏之辞，故使然也。今究寻文理，观其体势，一似韩非之论，而韩有《解老》之篇，疑此《解老》之类也。"按尹说甚是。

第三节　正文夹解说例

上文提到古代正文与解说或分别成书，或分别成篇，或解说附于正文全文之后。后来有正文夹解说者，亦即正文夹注。正文与解说均单行，仅用大小字分别。（夹注用双行，乃是后来才有。）正文与解说连缀，又无符号隔开，那就容易混淆不清。如《大戴礼记》的《夏小正》就是这样。

---

[1]　《管子》，第 219 页。

（4）正月，启蛰。（言始发蛰也。）雁北乡。（先言雁，而后言乡者何也？见雁而后数其乡也。乡者何也？乡其居也。雁以北方为居。何以谓之居？生且长焉尔）九月，遵鸿雁。（先言遵，而后言鸿雁何也？见遵而后数之则鸿雁也。何不谓南乡也？曰非其居也，故不谓南乡。记鸿雁之遵也，如不记其乡，何也？曰鸿不必当《小正》之遵者也。）[1]（括号中为解说，括号是编者所加）

《夏小正》最早的古本，它的正文和解说大概不相连缀，分别是很清楚。郑玄注《礼记·月令》引《夏小正》有九处。如"正月启蛰"、"鱼涉负冰"、"农率均田"等，都是《夏小正》的正文，故引文时直称"《夏小正》曰"。而于《月令》"群鸟养羞"下注云："《夏小正》曰：'九月，丹鸟羞白鸟。'说者曰：'丹鸟也者，谓丹良也。白鸟也者，谓闽蚋也。其谓之鸟者，重其养者也。有翼为鸟。养也者，不尽食也。'"其中特标"说者曰"，区别正文。[2] 又郭璞注《尔雅》引《夏小正》正文，直称"《夏小正》曰"，引《夏小正》的解说，则曰"《夏小正》传曰"。如《尔雅·释虫》："蛦，蛂蟥。"郭注云："《夏小正》传曰：'蛂蟥者五采具。'"[3] 可见东汉郑玄、晋郭璞所见的《夏小

---

① 王聘珍撰，王文锦点校：《大戴礼记解诂》，中华书局 1983 年版，第 24—25 页。

② 阮元校刻：《十三经注疏》，第 1355、1357、1373 页。

③ 阮元校刻：《十三经注疏》，第 2638 页。

正》，其正文与解说分别不混。及《隋书·经籍志》于《大戴礼记》十三卷外，又有"《夏小正》一卷，戴德撰"，后人遂相承以为《夏小正》乃大戴所作，不分正文、解说，连缀成文。

后来的《水经注》也有经与注混淆不分的问题。《水经》旧说汉代桑钦撰，北魏郦道元作注。本应该经、注分明，但后来经唐宋时传抄，竟把经注混淆，即将经文误为注文，或将注文误为经文。后经清代全祖望、赵一清、戴东原等人细心校勘，才能基本上分清经注。

至于一般古书中注文误入正文者，那例子很多。在前第一章第二节"衍文"里，已经谈到，这里不再说了。

第四节　篇章次序倒置例

出土帛书简牍，每与今本之篇章次序不同。如马王堆帛书《老子》甲乙两本，都是《德经》在前，《道经》在后。而现在《老子》各种本子，都是《道经》在前，《德经》在后。《韩非子·解老》先解《德经》第一章；解《道经》第一章在后（个别章节，也有解《德经》的在解《道经》之后的）。似乎韩非所见《老子》的篇次与帛书《老子》甲乙本为同一种本子；现在的《老子》，又是一个本子。

再帛书《老子》甲乙本的章次也有与今本《老子》不同的。

如今本的二十四章，帛书甲乙本均在相当于今本的二十二章。今本的四十一章，帛书乙本在相当于今本的二十九章，甲本缺这一章。今本的八十章、八十一章，在甲乙本均在相当于今本的六十七章、六十八章。①

山东临沂银雀山西汉墓出土竹简中有《孙子兵法》简书二百多枚，二千四百余字。篇名有十三篇与今本《孙子兵法》全书十三篇篇名基本相同。在出土竹简的同时，还出土了一些记篇题的木牍。原来大概是缚在竹简之上的。其中一木牍是载《孙子兵法》的篇名，已残缺，但其大致次序可以看出。竹简《孙子兵法》篇次与今本不同。如今本《虚实》在《军争》之前，简本在《军争》之后。今本《行军》在《军争》、《九变》之后，简本在《军争》之前。今本《火攻》在《用间》之前，简本在《用间》之后。②

再简本于十三篇外，还有《吴问》、[《四变》]、《黄帝伐赤帝》、《地形二》、[《见吴王》]等篇（其中用 [ ] 号的，原简无名，由整理者暂定的）。而这几篇又不载在篇名木牍之中。按《孙子兵法》一书的篇数，原来有两说。《史记·孙子吴起列传》云："阖庐曰：'子之十三篇，吾尽观之矣。'"则《孙子兵法》为十三篇。《汉书·艺文志》载："《吴孙子兵法》八十二篇，图九

① 马王堆汉墓帛书整理小组：《马王堆汉墓出土〈老子〉释文》，《文物》1974 年第 11 期。
② 银雀山汉墓竹简整理小组编：《银雀山汉墓竹简：孙子兵法》，文物出版社 1976 年版。

卷。"则简本十三篇之外的诸篇，或为《孙子兵法》之佚文。

像这类篇次的不同，很难定其是非。应各仍其旧，保存下来。

又如今《战国策》一书，也有一个篇章的问题。宋姚宏本，卷首为《东周》，次为《西周》。宋鲍彪本，首为《西周》，次为《东周》。其后学者从姚宏说的，如吴师道《战国策校注》等，有从鲍彪说者，如张琦《战国策释地》等。主《西周》在首者，不外两个理由：一、西周封在前（见张琦《战国策释地》）；二、西周正统（见鲍氏《战国策序》）。诸祖耿《战国策集注汇考》认为当从姚宏本，其驳封国先后说云："全书次序，燕封最早，今则居后；齐由田篡，不应先楚；宋、卫之封，并在秦前，乌得次于末尾哉？先后之说非笃论也。"其驳西周正统说云："自显王二年，东、西周并为列国，至王赧徙都西周，寄居郏鄏，王位虽在，虚名而已。……此时列国之西周，与列国之东周，分主理政。……并为列国，并以君称，而王赧之谓王者，徒寄居焉而已。"[①]诸先生说甚确。近来学者一般从姚本篇章次第，作为定本。

第五节　分章分篇错误例

古书篇及章的题目，一般在一篇或一章之末。长沙马王堆

---

① 诸祖耿撰：《战国策集注汇考》，卷一，第6页。

汉墓出土的帛书《老子》卷前四种佚书，都是题目在一篇或一章之后的。例如其中佚书《经法》。《经法》是作为一个大篇，其中包括九个小篇：《道法》、《国次》、《君正》、《六分》、《四度》、《论》、《亡论》、《论约》、《名理》。这九个小篇的篇名都在每小篇之末。在第九小篇末的篇名《名理》后，再加上大篇篇名《经法》，并记明大篇总字数："凡五千。"①指《经法》全篇共五千字。这是古书篇及章的题目格式。

《楚辞》里的《九歌》、《九章》、《七谏》、《九怀》、《九叹》、《九思》等，也无不如此。又如《荀子》的《赋篇》，包括礼、知、云、蚕、箴五个小篇，这些小篇的篇名也都写在各小篇之末。上一节提到的《礼记·乐记》是由十一小篇合成的，应该这十一篇都有篇名，记在各篇之末，可是这些篇名都被删去了，只有第十一篇的篇末，有"子赣问乐"四字。这四个字就是篇名，没有删去，还保存着。

有的编者，不明古书篇章的体例，因此闹出笑话。下边录蒋礼鸿《古汉语通论》中所举的一例：

（5）晋陆云《九愍》为仿屈原《九章》之作，篇名居首，章名在每章之末。但宋代编刻《陆士龙文集》时，不知此例，把最后一章的题目给删去，把第一章记在章末的

---

① 马王堆汉墓帛书整理小组编：《马王堆汉墓帛书：经法》，文物出版社 1976 年版。

题目误为第二章题目，第二章以下各章附在章末的题目都误认为下章的题目。因为编者把第二章记在章末的题目《涉江》当作第三章的题目，而原属第二章的乱辞有"念兹涉江，怀故乡兮"的话，就以为这段乱辞应该归入下章，把它移到题目《涉江》之后，作为下章的开头，以后有两章末了有乱辞的，也如法炮制地移在题目之后，并入下章。辞赋中的乱辞，按一般的理解是一篇或一章的总结，是决不会不伦不类地放在篇章之首的。因不知小题后置之例，把古书弄得割裂错乱，面目全非。[①]

后人对古书的分章、分篇也常有错误。俞樾《古书疑义举例》卷七，列为两例。今各选录一则：

（6）《分章错误例》："《诗·关雎篇》：'《关雎》五章，章四句。故言三章：一章章四句，二章章八句。'释文曰：'五章是郑所分，故言以下是毛公本意，后放此。'按《关雎》分章，毛、郑不同，今从毛不从郑。窃谓此诗当分四章，每章皆有'窈窕淑女'句。凡四言'窈窕淑女'，则四章也。首章以'关关雎鸠'兴'窈窕淑女'，下三章皆以'参差荇菜'兴'窈窕淑女'。惟弟二章增'求之不得；

---

① 蒋礼鸿：《古汉语通论》，浙江教育出版社1984年版，第404页。

寤寐思服，悠哉悠哉，展转反侧’四句，此古人章法之变。‘求之不得’正承‘寤寐求之’而言，郑分而二之，非是。毛以此章八句，遂合三、四章为一，使亦成八句，则亦失之矣。”　按俞说可备一说。

（7）《分篇错误例》：“《吕氏春秋·贵信篇》：‘管子可谓能因物矣。以辱为荣，以穷为通，虽失乎前，可谓后得之矣。物固不可全也。’按《贵信篇》文，止于‘可谓后得之矣’，言管仲失乎前而得乎后，其意已足。‘物固不可全也’，乃下《举难篇》之起句，故其下云：‘由此观之，物岂可全哉？’正与起句相应也。今本误。”①

第三章　句读及标点校勘

　　古人著书，一般不加句读，后来读者或加上句读，或在注释中说明某处绝句。近几十年来为了便于阅读古书，又开始加上了标点符号。从此句读、标点就成为古书的一个组成部分。汉代郑玄注经，当然以训释字义为主，但亦兼及校勘文字，并谈到句读的问题。唐陆德明《经典释文》常列举几种句读，并辨其是非。我们今天整理古籍的最终目的，是便于读者阅读，使得到正确的理解，所以后人加于古书的句读和标点，也成为当前校勘工作的对象。

第一节　句读校勘

一　释句读

　　句读亦即句逗。《说文》五上："▎，有所绝止，▎而识之也。" ▮就是古人用来断句的符号。▮今音之庾切，古音则读如豆。后人假用读书的读字，故称句读。《说文》十二下："√，钩识也。从反﹄，读若䦲。"居月切。段玉裁注云："钩识者，用钩表识其处也。褚先生补《滑稽传》：东方朔上书凡用三千奏牍。人主从上方读之，'止，辄乙其处。二月乃尽'。此非甲乙字，乃正√字也。今人读书有所钩勒即此。"① 按√字后来转用"句"字，亦为断句的符号。现在出土的秦汉竹简、帛书常用的符号有"·"、"。"、"√"三种。如马王堆帛书《老子》乙种卷前古佚书《称》，每章之间用"·"隔开。马王堆帛书《战国纵横家书》亦用"·"隔开章节。马王堆帛书《伊尹·九主》用"√"断句。武威出土的西汉《仪礼》简策有大圆点、中圆点、小点、圆圈、钩识等多种符号，作篇号、章句号、句读号等。② 《流沙坠简》内《屯戍丛残》一简作"隧长常贤√充世√绾√袜等候庱禀郡界中门戍卒王韦等十八人皆相从"。王国维云："隧长四人，前三人名下皆书√以乙之，如后世之施句读。盖以四人名相属，虑人误读故也。"③ 从以上情况看，古人的逗、句、章的符号已经产生，但还没有普遍使用和严格规定。

古人对句读十分重视。《礼记·学记》："比年入学，中年考

---

① 段玉裁：《说文解字注》，苏州刻本，卷五上，第 52 页；卷十二下，第 44 页。
② 中国科学院考古研究所、甘肃省博物馆编：《武威汉简》，文物出版社 1964 年版，第 71 页。
③ 王国维：《流沙坠简·屯戍丛残》，第 22 页。

校。一年视离经辨志。"郑玄注："离经，断句绝也。"孔颖达疏：
"谓学者初入学一年，乡遂大夫于年终之时考视其业。离经，谓
离析经理，使章句断绝也。"①

今人读古书每感到断句很难，即古人读当时的书也会感到
困难。《后汉书·列女传》："《汉书》始出，多未能读者。同郡
马融伏于阁下，从昭受读。"②马融是一位经学大师，离班固仅
三四十年，已感到《汉书》难读。何休《公羊传序》："讲诵师
言，至于百万，犹有不解，时加让嘲辞，援引他经，失其句读，
以无为有，甚可闵笑者，不可胜记也。"③下边举一个例子，说明
西汉经师也会有误读的情况。

(1)《周礼·秋官·大行人》："凡诸侯之邦交，岁相问
也，殷相聘也，世相朝也。"

按"凡诸侯之邦交"应在"交"字读断，总目问、聘、
朝三事。如《秋官·司仪》云："凡诸侯之交，各称其邦而
为之币，以其币为之礼。"此"凡诸侯之交"犹《大行人》
之"凡诸侯之邦交"。可是《大戴礼记·朝事》："故天子之
制，诸侯交岁相问，殷相聘。"④此本《周礼·大行人》文，

---

① 阮元校刻：《十三经注疏》，第 1521 页。
② 王先谦撰：《后汉书集解》，中华书局 1984 年版，第 973 页。
③ 阮元校刻：《十三经注疏》，第 2191 页。
④ 阮元校刻：《十三经注疏》，第 893 页。又王聘珍撰，王文锦点校：《大戴礼记解
诂》，第 235 页。

乃以"交"字连"岁"读，属下，作"交岁相问"，显然是误读。《大戴礼记》的作者是谁，很难确定，但决不会迟于西汉。

《韩非子·外储说左下》记载一段故事，说："哀公问于孔子曰：'吾闻夔一足，信乎？'曰：'夔，人也，何故一足？彼其无他异，而独通于声，尧曰：夔一而足矣。使为乐正。故君子曰："夔有一，足。"非一足也。'"①哀公由于把四字连读，造成笑话。如果在"一"字后点断，就文通字顺了。这个故事，一方面说明句读之难，同时又说明句读对理解文义的重要关系。

有一件事不易理解，大家既然感到句读困难，可是秦汉之间帛书、简牍，一般不加句读；开始有印刷之后，古书也不加句读。到宋代有几种经传的刻本加句读，但也没有普及。清人高邮王氏自刊之书，自加句读，这真是方便读者。

古书一般不加句读，那么怎样知道前人句读错误而加以校正呢？主要根据古书的注释。例如：

（2）《汉书·张释之传》：上登虎圈问上林尉禽兽簿十余问尉左右视尽不能对虎圈啬夫从旁代尉对（《补注》：先谦曰……）上所问禽兽簿甚悉欲以观其能口对响应亡穷者。②

---

① 陈奇猷校注：《韩非子集释》，上海人民出版社 1974 年版，第 686 页。
② 王先谦撰：《汉书补注》，第 1081 页。

按前人注书之例，都在断句处加注。王先谦《汉书补注》于"代尉对"后加注，那王氏认为在"对"字断句。这样断句是错误的，应是"虎圈啬夫从旁代尉对上所问禽兽簿甚悉"十七字为一句。是说：啬夫代上林尉回答皇上所问的，非常详细。如果依王氏断句，则"甚悉"是指文帝的发问，跟下文"欲以观其能口对"不相应。

这是从注者加注之处，辨别注者的断句。

有时可从注者的解说中辨别注者的断句。如：

（3）《礼记·檀弓上》：将军文氏之子其庶几乎亡于礼者之礼也其动也中。

按孔颖达疏云："言文氏之子庶几堪行乎无于礼文之礼也。"[1] 这说明孔氏把"庶几乎"连下文，不断。陈澔《礼记集说》："文氏之子，其近于礼乎！虽无此礼而为之礼，其举动皆中节矣。"[2] 陈氏以"其庶几乎"为一句。陈氏的断句是对的。《易·系辞传下》："子曰：颜氏之子，其殆庶几乎！其不善，未尝不知；知之，未尝复行也。"[3] 以"庶几乎"为句，与《檀弓》句式同，可证。

有时在注中提及前人的句读。如：

---

[1]　阮元校刻：《十三经注疏》，第 1286 页。
[2]　《四书五经》，《礼记》，第 38 页。
[3]　阮元校刻：《十三经注疏》，第 88、2495 页。

（4）《论语·乡党》：厩焚子退朝曰伤人乎不问马。

郑玄注："重人贱畜。"邢昺疏："孔子罢朝退归，承告而问曰：厩焚之时得无伤人乎？不问伤马与否，是其重人贱畜之意。'不问马'一句，记者之言也。"①

按郑、邢的句读是："厩焚，子退朝，曰：'伤人乎？'不问马。"又陆德明《经典释文·论语音义》："'曰伤人乎。'绝句。一读至'不'字绝句。"②那么依陆氏之说，还有一种句读，在"不"下断句，"不"字同"否"。这样句读，意思是孔子问"伤人没有？"然后再问马的情况。不是"不问马"，而是先问人，后问马。跟郑、邢的句读不同，理解文意也就不同。

有时从引文中可以了解前人的句读。如例（4），《盐铁论·刑德》也引用这件事，云："鲁厩焚，孔子罢朝，问人不问马，贱畜而重人也。"③则知《盐铁论》以"不问马"为句。又如：

（5）《论语·为政》：举善而教不能，则劝。

按今于"能"字逗。但古人引此句，亦有于"教"断

---

① 阮元校刻：《十三经注疏》，第88、2495页。
② 陆德明：《经典释文》，商务印书馆《四部丛刊》影印本，卷二十四《论语》，第12页。
③ 《盐铁论》，中华书局1954年版，第56页。

句的。如汉应劭《风俗通·过誉》载汝南太守欧阳歙下教云:"盖举善以教,则不能者劝。"《三国志·仓慈传》裴注引《魏略》:"举善以教,恕以待人。"又《三国志·顾邵传》:"举善以教,风化大行。"[①] 则可知汉魏间引《论语》有于"教"字断句,跟现在不同。

古书一般虽没有句读,从上面说的四个方面,可以了解后来作注释的或引用的人于某处断句,某处连读。从而辨别他句读的对与不对,校正他错误的地方。

二　句读校勘举例

句读错误有各种情况。这里以常见者各举数例。有当断而不断者。

(6)《诗·郑风·缁衣》:"缁衣之宜兮,敝予又改为兮,适子之馆兮,还予授子之粲兮。"

杨树达《古书句读释例》:"旧读敝予六字为句,还予七字为句,下二章同。故旧题云《缁衣》三章章四句。顾炎武《诗本音》云:'旧作三章章四句,今详敝字当作一句,还字

---

① 《风俗通》,扫叶山房《百子全书》本,卷四,第 1 页。《三国志》,中华书局 1959 年版,第 514、1229 页。

当作一句。难属下文。当作三章章六句。'"①　　据顾氏则应作"敝，予又改为兮"；"还，予授子之粲兮"。

（7）《礼记·檀弓上》："孔子之丧，有自燕来观者，舍于子夏氏。子夏曰：圣人之葬人与人之葬圣人也，子何观焉？"

《古书句读释例》："郑注云：'与，及也。'是以'圣人之葬人'以下十二字为一句。孔疏引王肃云：'"圣人葬人与"属上句。以言若圣人葬人与，则人庶有异闻，得来观者。若人之葬圣人，与凡人何异？而子何观之？'是以圣人以下分作二句读。今按：王读是，郑读非也。"　　按"圣人之葬人与？"是反问句。言此非圣人之葬人，乃人之葬圣人，有什么可观呢？王氏句读较妥。

（8）《淮南子·说山》："文公弃荏席，后黴黑，咎犯辞归。"

王念孙《读书杂志·淮南内篇第十六》："高注曰：'晋文公弃其卧席之下黴黑者，咎犯感其捐旧物，因辞归。'引之曰：高读弃荏席后黴黑为一句。非也，弃荏席为句，后黴黑为句。谓于衽席则弃之，于人之黴黑者，则后之也。《韩子·外储说左篇》云：'文公反国，至河，令箃豆捐之，席蓐捐之，手足胼胝、面目黧黑者后之。咎犯闻之，再拜而辞。'是其证。《说苑·复恩篇》同。"②　　按高诱注释误，

---

① 杨树达：《古书句读释例》，商务印书馆 1934 年版，例（6），第 5 页；例（7），第 9 页。

② 王念孙撰：《读书杂志》，第 912 页。

句读亦误。王说甚确。

有不当断而断者。如：

(9)《左传·僖二十三年》："夫有大功而无贵仕，其人能靖者与有几？"

陆德明《经典释文》："'其人能靖者与'绝句。与，音余，几，居宜反。"[1] 王引之《经传释词》卷一云："言能靖者有几也。与，语助也。'与有几'三字连读。《释文》曰：'其人能靖者与，音余，绝句。'失之。《襄二十九年》曰：'是盟也，其与几何？'言其几何也。《周语》：'若壅其口，其与能几何？'言能几何也。韦注：'与，辞也。'《晋语》：'诸臣之委室而徒退者，将与几人？'言将几人也。又《昭十年左传》曰：'其居火也久矣，其与不然乎？'言其不然乎也。《周语》曰：'余一人其流辟于裔土，何辞之与有？'言何辞之有也。《晋语》：'亡人何国之与有？'言何国之有也。《越语》：'如寡人者，安与知耻？'言安知耻也。又《孟子·滕文公篇》：'不由其道而往者，与钻穴隙之类也。'与字皆为语助，无意义也。"[2]

陆德明以"与"作句末疑问语气助词用，王引之以

---

[1] 阮元校刻：《十三经注疏》，第 1814 页。
[2] 王引之：《经传释词》，第 19 页。

"与"作句中助词用，故二者句读亦不同。王说可信。

（10）《礼记·曾子问》："子游之徒，有庶子祭者，以此若义也。"

郑玄于"此"字下注："以，用也。用此祭礼也。"又于"也"字下注："若，顺。"王引之《经义述闻·礼记中》："郑读'以此'为一句，'若义也'为一句。注曰：'若，顺也。'《正义》曰：'谓顺于古义。'今案'以此若义也'五字，当作一句读。以，用也。此若义，犹言此义。言子游之徒，有庶子祭者，用此义也。下文曰：'今之祭者，不首其义，故诬于祭也。'正谓子游之徒用此义，而今之祭者不用此义也。'此若'二字连读，若，亦此也。古人自有复语耳。《荀子·儒效篇》曰：'行一不义，杀一无罪，而得天下，不为也，此若义信乎人矣。'《管子·山国轨篇》曰：'此若言何谓也。'《地数篇》曰：'此若言可得闻乎？'《轻重丁篇》曰：'此若言曷谓也？'《墨子·尚贤篇》曰：'此若言之谓也？'《节葬篇》曰：'以此若三圣者观之。'又曰：'以此若三国者观之。'《史记·苏秦传》曰：'王何不使辩士以此若言说秦。'皆并用'此若'二字。"[①]　按"此若"同义连用。王说是。

---

① 　王引之撰：《经义述闻》，第347页。

有当属上，而误属下者。如：

（11）《左传·僖二十三年》："及曹，曹共公闻其骈胁，欲观其裸。浴，薄而观之。"

《经典释文》："闻其骈胁，绝句。……欲观，绝句。一读至裸字绝句。"[1] 杨树达《古书句读释例》："按：曹君之所欲观，固在骈胁，然非重耳裸，则骈胁不可得观。故传云'欲观其裸'耳。据文势'其裸'应属上。陆所举一读是。"[2]

（12）《左传·昭三年》："小邾穆公来朝。季武子欲卑之，穆叔曰：'不可。曹滕二邾，实不忘我好。敬以逆之，犹惧有贰，又卑一睦焉，逆群好也。其如旧而加敬焉。志曰：能敬无灾。又曰：敬逆来者，天所福也。'季孙从之。"

《经典释文》："实不忘我好，绝句。一读以好字向下。"阮元《校勘记》："宋本以好字绝句。"[3]　按以"好"字绝句者是。"敬以逆之"，与下文"敬逆来者"相应。

（13）《汉书·蒯伍江息夫传》："客谓高皇帝曰：'时可矣！'高帝曰：'待之，圣人当起东南。'间不一岁，陈吴大呼，刘项并和，天下响应。"

---

① 阮元校刻：《十三经注疏》，第 1815 页。
② 杨树达：《古书句读释例》，第 38 页。
③ 阮元校刻：《十三经注疏》，第 2032、2038 页。

颜师古注："中间不经一岁也。"① 吴恂《汉书注商》："东南间，言东南之间也。颜氏于'南'字绝句，而以'间'字下属，且读为古苋切，则上下俱木强而病矣。"②

有当属下，而误属上者。如：

（14）《诗·小雅·鱼丽》："君子有酒，旨且多。"

《经典释文》："'有酒旨'绝句，'且多'此二字为句。后章放此。异此读则非。"③ 黄焯《关于〈经典释文〉》："案：对于这句诗的解释，历来颇有异同，但大体都以'旨且多'为句。例如顾镇《虞东学诗》云：'《释文》以"君子有酒旨"为句，以就笺训。其实康成未尝作此句读也。笺云：酒美而此鱼又多。明以下三字为句矣。以多属鱼者，其意以下章"物"字当为鱼也。'马瑞辰《毛诗传笺通释》云：'凡诗言且者，多连上为句，《正义》读是也。'今观此诗'旨且多'（二、三章之'多且旨'、'旨且有'同）都是就'酒'而言。'且'字表示进展，主语都承上面'酒'字省略。在这三章诗中，共用了六种鱼名：鲿、鲨、鲂、鳢、鰋、鲤，足以表现种类之多，既无须专用'且多'重复说明，诗人也

---

① 王先谦撰：《汉书补注》，第 1034 页。

② 吴恂：《汉书注商》，上海古籍出版社 1983 年版，第 120 页。

③ 阮元校刻：《十三经注疏》，第 417 页。

不会把'且多'二字分属说鱼。因此，在'酒'字后断句是对的。《释文》的断句是错的。不可从。"①

（15）《周礼·春官·御史》："掌赞书，凡数从政者。"

郑玄注："自公卿以下至胥徒，凡数及其现在空缺者。郑司农读言：'掌赞书数。'书数者，经礼三百，曲礼三千，法度皆在。玄以为不辞，故改之云。"《经典释文》："数凡，所主反。"孙诒让《周礼正义》卷五十二："孔继汾云：'数字本在凡字上，与上文书字相属，故先郑得读为掌赞书数。后郑改其句读，非改其文也。至注言凡数，乃指其所数自公卿以下至胥徒，凡从政者之凡数。非迻经文发训也。似当从《释文》为得。'洪颐煊云：'数凡，谓计其总从政者。若作凡数则义不可通矣。今本由后人误乙。'案孔洪说是也。"②　按此当作："掌赞书，数凡从政者。"这是说御史负责两事，一是负责制作文书，二是统计所有在职之官吏。"数"，动词，"凡从政者"是它的宾语。这样句读，意思非常清楚。

（16）《管子·权修》："上好诈谋间欺，臣下赋敛竞得。"

《管子集校》："猪饲彦博云：'上好诈谋句，间，觇也。言觇察下情而欺诳之。'沫若案：当读为'上好诈谋间欺'句，'臣下赋敛竞得'句。盖既言竞得，则必有集体名词以

---

① 黄焯：《关于〈经典释文〉》，《训诂研究》第 1 辑。
② 孙诒让：《周礼正义》，卷五二，第 6 页后。

为其主语。宋本尹注：'间，隔也。有所隔碍而欺诳也。'本在'间欺'二字下。足见前人本读'上好诈谋间欺'句。明本始将尹注移于'臣'下，故生纠葛。"①

（17）《史记·伯夷列传》："伯夷叔齐虽贤，得夫子而名益彰。颜渊虽笃学，附骥尾而行益显。岩穴之士，趣舍有时若此，类名堙灭而不称。悲夫！"

杨树达《古书句读释例》："旧读以'若此类'连读。黄君侃云：'类字当属下读。'树达按：黄说是也。《史记·酷吏传》云：'大抵吏之治，类多成由等矣。'《汉书·贾谊传》云：'夫移风易俗，使天下回心而乡道，类非俗吏之所能为也。'类字用法并同。"②

（18）陶渊明《桃花源记》："问今是何世，乃不知有汉，无论魏晋。此人一一为具言，所闻皆叹惋。"（中华书局版《古文观止》的句读）

"所闻"指渔人所闻之事，跟"闻者"不同，"闻者"则指听到的人。中华版标点者不明"所"、"者"用法不同，因误将"所闻"属下。

有时几种不同的句读，似乎都可讲通。著者本人又没有句读，无法定其是非，只能说"数读皆可"，这也是一种不得已的

---

① 郭沫若、闻一多、许维遹撰：《管子集校》，第 43 页。
② 杨树达：《古书句读释例》，第 74 页。

办法。如：

（19）《论语·为政》："子曰：吾与回言终日，不违如愚，退而省其私，亦足以发，回也不愚。"

杨树达《古书句读释例》："《李文公集·答王载言书》引'子曰吾与回言'，不连及下文。《论语集注考证》云：'张师曾校张达善点本谓吾与回言终日。自《集注》取李氏之说，始读为句绝。前此儒先亦以吾与回言为句。'树达按：'终日'为表时状字，或状上'言'字，或状下'不违'，两皆可通。"[①]

（20）《论语·八佾》："祭如在，祭神如神在。子曰：吾不与祭，如不祭。"

杨树达《古书句读释例》："旧读以'吾不与祭'为句。武亿云：'当以与字断。祭如不祭，义自豁然矣。《周礼·大宗伯》："若王不与，祭祀则摄位。凡大祭祀，王后不与，则摄而荐豆笾。"《外宗》："王后不与，则赞宗伯。"《祭仆》："凡祭祀，王之所不与。"是自《周官》所著，皆可历据。考《昌黎集·读墨子》云："孔子祭如在，讥祭如不祭者。"况朱子《集注》明言或有故不得与，则朱子亦明以不与属句矣。'树达按：此两读皆可通。"[②]

（21）《孟子·尽心下》："晋人有冯妇者，善搏虎，卒为善士。则之野，有众逐虎。虎负嵎，莫之敢撄。望见冯妇，趋而迎之。冯妇攘臂下车。众皆悦之，其为士者笑之。"

杨树达《古书句读释例》："此凡两读，旧读'卒为善士'绝句，'则之野'绝句。宋刘昌诗《芦浦笔记》云：'此恐合以卒为善为一句，士则之为一句，野有众逐虎为一句。盖有搏虎之勇而能卒为善，故士以为则；及其不知止，则士以为笑也。'周密《志雅堂杂钞》云：'前云士则之，后云其为士者笑之，文义相属。'（又见周氏《癸辛杂识续集》上卷）明杨慎、李豫亨说同。阎若璩云：'古人文字序事未有无根者，惟冯妇之野，然后众得望见冯妇。若如宋周密、明杨慎断士则之为句，以与末其为士者笑之相照应，而野字遂属下。野但有众耳，何由有冯妇来？此为无根。'树达按：阎说固是，然如其说，则'其为士者笑之'士字亦无根矣。此两读皆可通。"[1]

---

[1]　杨树达：《古书句读释例》，第125—126页。

第二节　标点校勘

句读主要是断句，而标点符号则除断句外，还要标明句子的语气、某些词的性质、引语对话的起讫等，它比句读完善。近几十年，开始标点古书，作为古籍整理的一项重要工作。如标点《通鉴》、《二十四史》及其他重要古籍，这对阅读古书有很大帮助。但是标点古书不是一件很简单的工作，常有标点错误，须要不断校勘，臻于完善。吕叔湘先生曾受出版社委托对1956年版《通鉴》标点本作一次标点方面的校勘。吕先生在校勘之后，另写一篇《通鉴标点琐议》。选出有代表性的例子一百三十二个，从标点错误情况和错误原因两个方面，归纳成三十条，非常精确。这标点校勘三十条，真可与王念孙《读淮南杂志自序》中归纳的字句校勘六十二条相媲美。这对从事标点古书及校勘工作者很有帮助。兹录三十条目于下：

一、当断不断之例

二、不当断而断之例

三、"而"、"以"之前断否不当之例

四、谋事误为成事之例

五、成事误为谋事之例

六、当属上而属下之例

七、当属下而属上之例

八、点断错误以致张冠李戴之例

九、兼承误为单承之例

十、贯通误为中断之例

十一、插叙误为正文之例

十二、层次错乱之例

十三、不当用而用引号之例

十四、当用引号而不用之例

十五、引文上溢之例

十六、引文下衍之例

十七、引文不足与中断之例

十八、当用问号而用句号、叹号之例

十九、专名误为非专名之例

二十、非专名误为专名之例

廿一、姓名与封爵、郡望混淆之例

廿二、因不计人数而误之例

廿三、因不明地理而误之例

廿四、因不明物理而误之例

廿五、因不明制度而误之例

廿六、因不明词义而误之例

廿七、因不谙文体而误之例

廿八、因信任胡注而误之例

廿九、因只校不改而误之例

三十、因失校而误之例

兹择其最常见者，分六类举例说明，选用了《通鉴标点琐议》里部分例句，并加入其他书中误用标点的例子。

一　不明词义误用标点例

因误解词义而错用标点的，这类例子很多。

（22）［误］《通鉴·王莽始建国二年》："周有泉府之官，收不售与欲得。"（第 1181 页）

［正］收不售，与欲得。

"收不售与欲得"六字为句，义欠明确。看胡注引颜师古的话："言卖不售者（售：卖掉），官收取之；无而欲得者，官出与之。"可知"与"是动词，非连词。"不售"后应有逗号。标点本《汉书·食货志》不误。[①]

（23）［误］《通鉴·汉献帝兴平二年》："洪于大义，不得不死；念诸君无事，空与此祸，可先城未败，将妻子出。"（第 1976 页）

---

① 吕叔湘：《通鉴标点琐议》，《中国语文》1979 年第 1、2 期。本章所引《通鉴》之例，均引自该文。以下不再注出处。

［正］念诸君无事空与此祸。

臧洪守东郡，粮尽援绝，叫部下将士和百姓弃城逃命。
"无事"，没有必要、犯不上之意，连下为句，不当有逗。

（24）［误］《通鉴·梁武帝天监元年》："寿阳多其义，
故皆受慰喭；唯不见夏侯一族，以夏侯详从梁王故也。"（第
4516页）

［正］寿阳多其义故，皆受慰喭。

前十字意不连贯，因割裂"义故"一词。义故谓故旧
属吏。梁武帝将篡位，杀害齐室诸王，鄱阳王萧宝寅逃到
寿阳，寿阳地方有很多从前的属吏，都来慰喭，萧宝寅都
接受，就是不见夏侯一姓，因为夏侯详附从仇敌梁王（梁
武帝）。

（25）［误］《三国志·魏书·夏侯玄传》注引《魏略》：
"及宣王奏诛（曹）爽，住车阙下，与（李）丰相闻，丰
怖，遽气索，足委地不能起。"（中华书局1982年版，第
301页）

［正］丰怖遽气索，足委地不能起。

按"怖遽"乃同义复词，遽亦怖也。本文注引《魏
略》："大将军闻（许）允前遽，怪之曰：'我自收丰等，不
知士大夫何为怱怱乎？'是时朝臣遽者多耳，而众人咸以
为意在允也。""遽"与"惧"音同义通，《广雅·释诂二》：
"遽，惧也。"《左传·襄公三十一年》："岂不遽止。"杜预

注："遽，畏惧也。"《广韵·去声·九御》释"遽"字曰：
"亦战栗也。"此均遽有怖义之证。"怖遽"一词，亦古人恒
语。《方言》卷十："江湘之间，凡窘悴怖遽谓之洇沭，或谓
之征忪。"遽，字或作"懅"。《广雅·释训》："洇沭，怖懅
也。"点校本割裂此词，误。[1]

（26）[误]《三国志·魏书·阎温传》注引《魏略》：
"今日出，得死，友在外，当来拜。"（第552页）

[正] 今日出，得死友在外，当来拜。

"死友"乃当时习语。《后汉书·独行·范式传》载范
式（字巨卿）与张劭（字元伯）事云："式仕为郡功曹。后
元伯寝疾笃，同郡郅君章、殷子征晨夜省视之。元伯临尽，
叹曰：'恨不见吾死友！'子征曰：'吾与君章尽心于子，
是非死友，复欲谁求？'元伯曰：'……范巨卿，烈士也，
可以托死。吾殁后，但以尸埋巨卿户前。'乃裂素为书，以
遗巨卿……时式出行适还，省书见瘗，怆然感之，向坟揖
哭，以为死友。"由此可见，孙宾硕以赵岐为"死友"，盖
谓赵岐可托付身后之事。今割裂"死友"一词，遂致语句
破碎，不成文义。[2]

（27）[误]《三国志·魏书·华佗传》："复与两钱散，
成得药去，五六岁。"（第803页）

---

① 吴金华：《〈三国志〉解诂》，《南京师院学报》1981年第3期。
② 吴金华：《〈三国志〉校点拾遗》，《中国史研究》1984年第4期。

［正］复与两钱散。成得药，去五六岁。

"去"即是"弃"字，与"藏"同义。本传裴注也明说"古语以藏为去"，在训诂方面说即所谓两义不嫌同辞。那么，这个"去"字就应属下读，散字和岁字都应句绝。[1]

(28)［误］《后汉书·光武十王列传》："今天下新罹大忧，惟陛下加供养皇太后，数进御餐。臣强困岁，言不能尽意。愿并谢诸王。"（中华书局 1982 年版，第 1424 页）

［正］惟陛下加供养，皇太后数进御餐。

按强临死前讲的这段话有三层意思，即"请陛下多保重，请皇太后多保重，并请向诸王致意"。而依原标点，则只剩了两层意思。岂有强临终给皇帝上疏，只致意于皇太后和诸王而不致意于皇帝本人之理？校点者此误盖因不明"加供养"这一熟语，望文生训而致。今按"加供养"犹今人言多吃点、穿暖和点，与"数进御餐"一样，皆可抽象地理解作多多保重的意思，乃古人所用之熟语，后面不带宾语。检同卷显宗制诏许太后结尾有"太后其保养幼弱，勉强饮食"一句，又特赐苍及琅邪王京书结尾有"愿王宝精神，加供养。苦言至戒，望之如渴"之语，则知非独"加供养"为当时人熟语，且"惟陛下加供养，皇太后数进御餐"一类的话，实乃汉人书札结尾时常用之致意语。[2]

---

① 钱剑夫：《〈三国志〉校点本商榷》，《中国语文》1978 年第 2 期。
② 金小春：《〈后汉书〉标点本失误数例》，《中国语文》1984 年第 6 期。

（29）［误］《归田录·佚文》："吕中令蒙正，国朝三入中书，……公生于洛中，祖第正寝至易，箦亦在其寝。"（中华书局1981年版，第43页）

［正］公生于洛中祖第正寝，至易箦亦在其寝。

按"易箦"语出《礼记·檀弓》。生于祖第，殁于祖第，即《礼记·檀弓》"歌于斯，哭于斯，聚国族于斯"文意，古人所尚。"易箦"不可割裂。①

二　不明专名误用标点例

专名范围很广，数量多。有的时代不同，名称不同。如果不熟悉，就产生误用标点的事。这里举一些由于不明职官制度、地理而误用标点的例子。

甲、不明职官制度而误用标点。

（30）［误］《通鉴·汉武帝元光元年》："冬，十一月，初令郡国举孝、廉各一人，从董仲舒之言也。"（第576页）

［正］初令郡国举孝廉各一人。

孝、廉分科，前所未闻。"各一人"谓一郡一人，一国一人。

---

① 　王迈：《古书标点失误举例》，《中国语文》1983年第6期。

（31）[误]《通鉴·汉哀帝元寿元年》："上诏公卿大夫悉心陈过失，又令举贤良、方正、能直言者各一人。"（第1109页）

[正] 又令举贤良方正能直言者各一人。

贤良方正能直言总为一科。"各一人"谓公卿大夫每人举荐一人，非分为三科科各一人也。标点本《汉书·哀帝纪》在这里没有加顿号，本书五四九页"诏举贤良方正直言极谏之士"也没有加顿号。

（32）[误]《通鉴·南朝宋明帝泰始元年》："山阴公主，帝姊也……尝谓帝曰：'妾与陛下，男女虽殊，俱托体先帝。陛下六宫万数，而妾唯驸马一人，事太不均。'帝乃为公主置面首，左右三十人……"（第4077页）

[正] 帝乃为公主置面首左右三十人。

"面首"的出处就在这里，可是标点有问题。"左右三十人"是左右各三十人呢，还是左右共三十人？史家不应如此胡涂。原来这个不体面的差使的职称叫做"面首左右"，三十人是共三十人。"面首左右"省称"面首"是后来的事情，这里用的是全称，把它割裂成两段，使"左右"属下，于是人数成了问题。案，以"某某左右"为侍从的职名，创于江南，延及北朝。

（33）[误]《三国志·蜀书·张翼传》注引《续汉书》："少以三公子经明行修举孝廉，不就司徒辟，以高第为侍御

史。"（中华书局 1963 年版，第 1074 页）

[正] 少以三公子"经明行修"举孝廉，不就；司徒辟，以高第为侍御史。

考汉制，"经明行修"为孝廉之科。凡出仕，"郡国荐举"为一途，"公府征辟"又为一途。因而这段话的意思是：张纲年少时，以三公的儿子因"经明行修"被郡守举为孝廉，不接受（就）；后来三公之一的司徒又召聘（辟）他，便以优良成绩（高第）做了"侍御史"的官。……《后汉书·张纲传》作"举孝廉，不就；司徒辟，高第为御史"，可证。把"不就"与"司徒辟"连读，是对于汉代的举士制度和任官制度都未曾研究，而且既"不就司徒辟"，又何能"以高第为侍御史"？在字面上也是说不通的。[1]

（34）[误] 袁枚《黄生借书说》："故有所览，辄省记通籍。后俸去书来，落落大满。"（参看 1961 年 1 月 23 日和30 日《人民日报》第四版）

[正] 辄省记；通籍后，俸去书来。

"省记"等于说"记得"，这里是把它记在脑子里的意思。"通籍后，俸去书来"，是说通籍后有俸可以买书。过去中了进士的，他的名字就上通到朝廷了，叫做"通籍"。标点者不知道什么是"通籍"，所以弄错了。[2]

---

① 钱剑夫：《〈三国志〉校点本商榷》，《中国语文》1978 年第 2 期。
② 王力主编：《古代汉语》，中华书局 1963 年版，第 1059 页。

乙、由于不明地理而误用标点。

（35）[误]《校正梦溪笔谈》："今成、皋、陕西大涧中，立土动及百尺。"（中华书局1957年版，第239页）

[正]今成皋、陕西大涧中。

"成皋"是一个地名，不是两个地方；历史上大大有名，刘邦和项羽在这里打过仗。[①]

（36）[误]《校正梦溪笔谈》："予熙宁中奉使镇定。"（第245页）

[正]奉使镇、定。

"镇"和"定"是两个地名，不是一个地名。"镇"指镇州，亦称镇阳；"定"指定州，亦称中山。

（35）例是一地误为两地，（36）例是两地误为一地。古人对地名也常产生误解。如《汉书·地理志上》："济南郡，县十四：东平陵、邹平、台……"这是正确的标点。可是宋本、监本及别本都以"邹"为一县、"平台"为一县。直到清初顾炎武才纠正过去的错误，见《日知录》卷三十一"邹、平台二县"条。[②] 曾经有人提到过，已故的学者陈垣先生说过这样一句笑话：

———————————

① 吕叔湘：《谈标点古书》，《语文学习丛刊》1978年第1期。例（36）同。
② 顾炎武：《日知录》，卷十，第71页。

"标点史书，要注意'香蕉苹果'一类的东西。到底是'香蕉、苹果'、还是'香蕉苹果（苹果之一种）'啊！。"[①]这句话，确是从事古书标点工作的甘苦之谈。

三　失检事理误用标点例

标点者对文句的意思没有透彻理解，因此误用标点。

（37）[误]《通鉴·梁武帝天监六年》："悉弃其器甲，争投水死者十余万，斩首亦如之。"（第 4572 页）

[正] 悉弃其器甲，争投水，死者十余万。

应于"投水"后加逗号。投水是为了逃命，不是为了寻死，淹死不是出于自愿。

（38）[误]《通鉴·秦纪三·二世三年》："郦生至，入谒。沛公方倨床，使两女子洗足而见郦生。"（第 288 页）

[正] 方倨床使两女子洗足，而见郦生。

照此点法（指中华旧标点本），似乎是为了见郦生而故意使女子洗足，恐怕没有这个意思，原文的意思大概是正在倨床洗足，不为见郦生而整饬仪容。要是按这个理解来标点，"床"字后逗号应移至"足"字后。标点本《史记》

---

① 中华书局二编室：《谈谈二十四史的整理》，《出版工作》1978 年第 4 期。

卷九七《郦生传》正是如此。

（39）［误］《通鉴·魏明帝太和元年》："陛下亦宜自谋，以谘诹善道，察纳雅言，深追先帝遗诏，臣不胜受恩感激。今当远离，临表涕零，不知所言。"（第2235页）

［正］深追先帝遗诏。臣不胜受恩感激，今当远离，临表涕零，不知所言。

这是诸葛亮《出师表》里的话。前边是劝勉后主，后边说到自己就要出发。"臣不胜受恩感激"，跟前边的话连起来不好讲，显然属于下句。标点本《三国志》旧版同此误，新版已改正。

（40）［误］《通鉴·汉高帝元年》："韩信曰：'善！'从其策，发使使燕。燕从风而靡，遣使报汉，且请以张耳王赵；汉王许之。"（第329页）

［正］发使使燕，燕从风而靡；遣使报汉，且请以张耳王赵，汉王许之。

照原标点，遣使报汉者为燕，燕国为什么要请立张耳为赵王？又有什么资格提出这种请求？遣使报汉者为韩信。"使燕"后句号应为逗号。"而靡"后逗号应为句号或分号。"王赵"后分号应为逗号。（汉王，刘邦）

（41）［误］《通鉴·魏正始四年》："又，蒋琬守汉中，闻司马懿南向不出兵，乘虚以掎角之，反委汉中，还近成都。"（第2355页）

　　[正] 又, 蒋琬守汉中, 闻司马懿南向, 不出兵乘虚以
掎角之, 反委汉中, 还近成都。

　　"不出兵"者为蒋琬, 非司马懿, 此三字属下不属上。原
标点使文义扞格难通。《三国志·吴主传》不误。(委, 放弃)

　　(42)[误]《后汉书·孝殇帝纪》注:"谢承书曰:'唐
羌字伯游, 辟公府, 补临武长。县接交州, 旧献龙眼、荔支
及生鲜, 献之, 驿马昼夜传送之, 至有遭虎狼毒害, 顿仆死
亡不绝。'"(中华书局 1982 年版, 第 194 页)

　　[正] 旧献龙眼、荔支, 及生鲜献之。

　　今按, 食龙眼、荔枝要趁新鲜乃是常识, "驿马昼夜传
送之", 也正是为了趁其新鲜。故标点当作:"旧献龙眼、
荔支, 及生鲜献之。"及者趁也, 生鲜乃形容词。标点者不
明乎此, 遂误将"及生鲜"理解为"和别的鲜货"了, 误
以其属上读。下文言"道经临武, 羌乃上书谏曰:'……伏
见交阯七郡献生龙眼等……此二物升殿, 未必延年益寿'"。
其言"生龙眼等"可见"生"乃新鲜之义, 与上文"生鲜"
同义。又明言"二物", 则除龙眼、荔枝外未有别的鲜货可
知矣。①

---

①　金小春:《〈后汉书〉标点本失误数例》,《中国语文》1984 年第 6 期。

四　不明语法误用标点例

因不明语法，特别是不明虚词的用法，而误用标点者，其例亦甚多。

（43）［误］元魏·慧觉译《贤遇经·檀腻䩭》："时檀腻䩭，为诸债主，所见催逼，加复饥渴。便于道次，从估酒家，乞少白酒，上床饮之。"

［正］为诸债主所见催逼。

"为……所见"式为汉魏六朝口语中习用的句法，其语法意义相当于"为……所"式或"为……见"式。上引例为割裂"为……所见"式，文义难明。①

（44）［误］《通鉴·汉章帝建初二年》："言之不舍昼夜而亲属犯之不止……"（第 1478 页）

［正］言之不舍昼夜，而亲属犯之不止。

"而"字逆转，其前宜有逗。

（45）［误］《通鉴·晋惠帝元康九年》："虽稽颡执贽而边城不弛固守，强暴为寇而兵甲不加远征，……或招诱安抚以为己用，自是四夷交侵，与中国错居。"（第 2624 页）

［正］虽稽颡执贽，而边城不弛固守，强暴为寇，而兵

---

① 　吴金华：《试论"R 为 A 所见 V"式》，《中国语文》1983 年第 3 期。

甲不加远征，……或招诱安抚，以为己用，自是四夷交侵，
与中国错居。

　　这是江统《徙戎论》中文字。"稽颡执贽"与"强暴为
寇"皆指四夷，两"而"字皆用来表转折，其前有逗号较
好。论文言文节律则两"而"字、一"以"字皆以其前用
逗号略顿为宜。

　　（46）［误］《三国志·吴书·程秉传》："权闻其名儒，
以礼征秉，既到，拜太子太傅。"（中华书局 1982 年版，第
1248 页）

　　［正］权闻其名儒，以礼征；秉既到，拜太子太傅。

　　既言"闻其"，"秉"字就不当属上，"以礼征"后应用
分号。①

　　（47）［误］《后汉书·隗嚣公孙述列传》："崔、广等以
为举事宜立主以一众心，咸谓嚣素有名，遂共推为上将军。
嚣辞让不得已，曰：'诸父众贤不量小子。必能用嚣言者，
乃敢从命。'"（第 513 页）

　　［正］曰："诸父众贤不量小子，必能用嚣言者，乃敢
从命。"

　　今按"量"，古有轻视、小看之义。"者"在这儿是
个表假设的语助词。隗嚣的意思是："诸父众贤假如不小

---

①　钱剑夫：《〈三国志〉校点本商榷》，《中国语文》1978 年第 2 期。

看我，一定能听从我，那我才敢当上将军。"故标点应作：
"诸父众贤不量小子，必能用嚚言者，乃敢从命。""不量小
子"后当用逗号。校点者在"不量小子"后断句，把一个
假设复句截成两个独立单句，则"诸父众贤不量小子"的
假设语气便不能体现，"者"字的作用也为之削弱了。①

五　不明记言起讫误用引号例

文章里有记事之文，有记言之文。记言之文要用引号标出。
如果对记事、记言辨别不清，记言部分起讫不明，那就不能正确
使用引号。下边举一些误用的例子。

（48）[误]《史记·游侠列传》："（郭）解姊子负解之
势，与人饮，使之嚼，非其任，强必灌之。人怒，拔刀刺
杀解姊子，亡去。解姊怒曰：'以翁伯之义，人杀吾子，贼
不得！弃其尸于道，弗葬。欲以辱解。'"（陈中凡：《汉魏
六朝文选》，古典文学出版社 1956 年版，标点作此）

[正] 解姊怒曰："以翁之义，人杀吾子，贼不得！"

按"弃其尸于道，弗葬"为作者记事之文，叙述郭解
姊之行为，已成事实。故下文云"罪其姊子而收葬之"。

---

① 金小春：《〈后汉书〉标点本失误数例》，《中国语文》1984 年第 6 期。

（49）［误］《汉书·陈汤传》："汤前为骑都尉王莽上书言：'父早死，独不封，母明君共养皇太后，尤劳苦，宜封竟为新都侯。'"（中华书局1982年版，第3025页）

［正］上书言："父早死……宜封。"竟为新都侯。

按汤书言至"宜封"止。"竟为新都侯"为陈汤言之效，而非陈汤之言。中华书局版《汉书》将此句置于引号内，遂使王商检举之语，变成陈汤之言。①

以上两例把记言之后的记事之文误入引号之内。下边两例是把记言之前记事之文误入引号之内。

（50）［误］《通鉴·汉献帝建安十三年》："权先作两函，欲以盛祖及苏飞首。权为诸将置酒，甘宁下席叩头，血涕交流，为权言：'飞畴昔旧恩，宁不值飞，固已捐骸于沟壑，不得致命于麾下。今飞罪当夷戮，特从将军乞其首领。'"（第2078页）

［正］为权言飞畴昔旧恩："宁不值飞……特从将军乞其首领。"

权：孙权。祖：黄祖。"飞畴昔旧恩"自为一句，无此文理，应连"言"字为句。引文从"宁不值飞"起。

---

① 章秋农：《古书记言标点易误举例》，《中国语文》1979年第3期。例（48）同。

（51）[误]《通鉴·汉成帝河平二年》："伊邪莫演罢归，自言：'欲降；即不受我，我自杀，终不敢还归。'"（第971页）

[正]自言欲降："即不受我，我自杀，终不敢还归。"

伊邪莫演是匈奴单于派来朝贡的。引语从"欲降"起，二字殊突兀。应为：自言欲降，"即不受我……"。先为间接引语，然后转入直接引语，史传多有此例。

也有根本不是记言，而误为记言之文而加引号的。如：

（52）[误]《通鉴·汉献帝建安十四年》："孙权围合肥，久不下。……曹操遣将军张喜将兵解围，久而未至。扬州别驾楚国蒋济密白刺史，伪得喜书，云步骑四万已到雩娄，遣主簿迎喜。三部使赍书语城中守将：'一部得入城，二部为权兵所得。'权信之，遽烧围走。"（第2097页）

[正]三部使赍书语城中守将，一部得入城，二部为权兵所得。权信之，遽烧围走。

应去引号，"守将"后冒号改为逗号。这一段的意思是假造张喜的信，说已带重兵到达某地，要城里派主簿去接他。城里派三起密使带着这封假信从城外往城里走，故意让孙权的兵捕获两起。孙权见信，信以为真，撤走了。有了引号，"一部得入城，二部为权兵所得"变成信的内容，完全不知所云。标点本《三国志》卷十四《蒋济传》不误。

六　不明引语失用引号例

古人在著作中，常引用成语或前人的名言等。在引语之前，用"某曰"、"谚曰"等字样，这是明引；读者容易分辨。如不用"某曰"、"谚曰"等字样，这是暗引。不论明引、暗引，标点者都应加上引号。但有些标点的古籍，由于标点者不明引语，而失引用号。如：

（53）［误］《韩非子·外储说左下》："管仲父出，朱盖青衣，置鼓而归，庭有陈鼎，家有三归。孔子曰：'良大夫也，其侈逼上。'孙叔敖相楚，栈车牝马，粝饼菜羹，枯鱼之膳，冬羔裘，夏葛衣，面有饥色，则良大夫也，其俭逼下。"（陈奇猷《韩非子集释》）

［正］"则良大夫也，其俭逼下。"

按"良大夫也，其俭逼下"，两句也是孔子的话。因承上文，而省"孔子曰"三字。因为《经》上明明白白写作"仲尼论管仲与孙叔敖"，而《说》中在管仲下"良大夫也，其侈逼上"之上有"孔子曰"；那么，孙叔敖下"良大夫也，其俭逼下"之上，也当有"孔子曰"三字。所以上下两句都应加引号，标明它是引语。陈奇猷《韩非子集释》、梁启雄《韩子浅解》均未加引号。①

（54）［误］《汉书·司马迁传》："仆闻之，修身者，智之府也；爱施者，仁之端也；取予者，义之符也；耻辱者，勇之决也；立名者，行之极也。士有此五者，然后可以托于世，列于君子之林矣。"（中华书局 1982 年版）

［正］仆闻之："修身者……行之极也。"士有此五者……

按"修身"至"行之极也"，见《说苑·谈丛》，是古代成语，当用引号。《汉书选》所用引号，包括"君子之林矣"。这就是因为不知道引语止于哪里，错把司马迁发挥之辞当作引语，使引语增多了。中华书局《汉书》全不用引号，也是不对的。

（55）［误］《史记·货殖列传》："夫用贫求富，农不如工，工不如商。刺绣文，不如倚市门，此言末业贫者之资也。"（中华书局 1982 年版）

［正］工不如商。"刺绣文，不如倚市门"，此言末业贫者之资也。

按"刺绣文，不如倚市门"，"门"与"文"韵。这是当时的谚语，太史公引来证明"工不如商"。没有写明"谚云"二字，因而容易使人误会谚语起自"用贫求富"。班固

---

① 　徐仁甫：《古书引语例释》，《中国语文》1979 年第 3 期。例（54）、（55）同。

《汉书·货殖传》增"谚曰"二字在"以贫求富"之上，冒下文五句。说明班固未弄清楚这段谚语起于哪里。《史记》标点本，也未明确标明引号。

第四章　补阙

秦汉间的竹简有断损，帛书有烂阙，碑刻也有断泐，后来的敦煌写卷以及刻本又有蛀烂、阙叶。由于这些原因，产生大量的阙文。设法校补这些阙文，也是校勘工作的一项重要内容。补阙有两种情况：一种有同书别本可校补的；另一种无同书别本可校补的。对这两种情况采用的补阙方法也有所不同。现在分述于下。

第一节　用同书别本校补

同一种书而本子不同，甲本有阙文，乙本不阙，就可以用乙本校补甲本的阙文。这种校补是比较容易的。如长沙马王堆帛书《老子》甲、乙本，互有阙文，就可以用甲、乙两本互相校补。如果甲、乙本都阙，那可以用今本《老子》校补。如：

（1）甲本：□□□□，□□□□。□□□□□，

□□□德。上德无□□无以为也，上仁为之□□以为也。上义为之而有以为也。上礼□□□□□□□，□攘臂而乃（扔）之。故失□□而后德，失德而后仁，失仁而后义，□义而□□。（帛书不分章，此段在今本三十八章）

乙本：上德不德，是以有德。下德不失德，是以无德。上德无为而无以为也。上仁为之，而无以为也。上德〈义〉为之而有以为也。上礼为之而莫之应也，则攘臂而乃（扔）之。故失道而后德，失德而句（后）仁，失仁而句（后）义，失义而句（后）礼。[①]

这是甲本阙文均可依乙本补。但今本在"上德无为而无以为也"下，有"下德为之而有以为"一句。帛书甲、乙本均无，从影印帛书看，上下紧接，又不似有阙文。这样就不宜依今本补，可在校注中说明。说详本书第五章第五节。

（2）甲本：天下有道，却走马以粪。天下无道，戎马生于郊。罪莫大于可欲，憨（祸）莫大于不知足，咎莫憯于欲得。□□□□□，恒足矣。（此段在今本四十六章）

乙本：□□□道，却走马□粪。无道，戎马生于郊。罪莫大于可欲，祸□□□□□，□□□□□□□。

---

① 马王堆汉墓帛书整理小组：《马王堆汉墓出土〈老子〉释文》，《文物》1974 年第 11 期。

　　□□□□□，□足矣。 [①]

　　这个例子是乙本前边有些阙文，据甲本校补。但在"欲得"后五字，甲、乙本均阙，应据今本校补"故知足之足"五字。

　　唐写本敦煌变文，有的一文有几个写本，有的一文只有一个写本。如《丑女缘起》有甲、乙、丙、丁、戊五个写本，但都有不同的残阙。《敦煌变文集》就以比较完备的乙本作前部底本，甲本作后部底本，阙文处，用它本补足。兹举该文后部一段为例：

　　（3）小娘子如今娉了，　　　　免得父娘烦恼。

　　　　　推得精怪出门，　　　　　任他到舍相抄（吵）。

　　　　　王郎咨申大姊，　　　　　万事今朝总了。

　　　　　［且须遣妻不出］，　　　　恐怕朋友怪笑。

　　　　　小娘子莫颠莫强，　　　　不要出头出恼（脑）。

　　　　　总王郎心里不慊，　　　　前世业遇须要。

　　　　　［妻语夫曰：

　　　　　王郎心里莫野，　　　　　出去早些归舍，

　　　　　莫抛我一去不来，　　　　交我共谁人语话。

　　　　　争肯出门出户，　　　　　如今时徒转差。

---

① 马王堆汉墓帛书整理小组：《马王堆汉墓出土〈老子〉释文》，《文物》1974 年第 11 期。

　　　门人过往人多，　　　　　恐怕惊他驴□。][①]

据该书《校记》：前第四行［］号中，甲本原缺一句，据丙本补。后［］号中，缺九句，据乙本补。由于用五个本子校补，使佛经中最流行的一篇变文，基本上能恢复为全璧，可见补阙是校勘中一项非常重要的工作。

　　安徽阜阳汉墓出土《诗经》竹简一百七十余枚。大部是《国风》的残简。竹简已断损，长短不一，有的一枚仅存一二字，最长的二十四字，是全简，只有一枚。它的阙文情况比帛书《老子》严重得多。今细心检校，与今本《诗经》对照，则尚能确定此简属于某首诗，阙字可以依今本补上。如：

　　　　（4）不我□□毋莣我□。（S034，系竹简编号）

　　　　不我屑以，毋逝我梁。（《邶风·谷风》）[②]

　　　　（5）以□□非报也柄以为。（S077）

　　　　报之以琼玖，匪报也，永以为好也。（《卫风·木瓜》）

还有字迹不清，只存半个字的，也可以设法补上。如：

---

①　王重民等编：《敦煌变文集》，第 794 页。

②　文物局古文献研究室、安徽阜阳地区博物馆阜阳汉简整理组：《阜阳汉简〈诗经〉》，《文物》1984 年第 8 期，例（5）同。

（6）素丝⬚⬚。（S009）

素丝五缄。（《召南·羔羊》）

（7）□送我幾⬚⬚。（S032）

薄送我畿。谁谓荼苦。（《邶风·谷风》）[1]

现存的常见书也有阙文或阙叶，一般可以用同书别本校补。其例甚多，兹举《仪礼》两则：

（8）《仪礼·士昏礼·记》："婿授绥。姆辞曰：'未教，不足与为礼也。'"注："姆，教人者。"

胡培翚《仪礼正义》卷三："经文十四字，唐石经、徐本、集释、通解，皆有。注四字，徐本、集解、杨氏，皆有。今本经注俱脱。" 按今本指毛氏汲古阁本。今通行之《十三经注疏》已据补。但缺贾公彦疏。[2]

（9）《仪礼·乡射礼·记》："士鹿中，翻旌以获。"注："谓小国之州长也。用翻为旌以获，无物也。古文无'以获'。"

阮元《校勘记》云："记七字，唐石经、徐本、《通典》、通解、杨氏、敖氏俱有，毛本脱。注二十一字，毛本

---

① 文物局古文献研究室、安徽阜阳地区博物馆阜阳汉简整理组：《阜阳汉简〈诗经〉》，《文物》1984 年第 8 期，例（6）同。

② 胡培翚：《仪礼正义》，商务印书馆 1938 年版，卷三，第 48 页。

俱脱。徐本、通解俱有。"　　按今通行本已据补。但无贾
公彦疏。 ①

但也有同书别本都阙，而无法校补的。如张元济《校史随
笔》提到殿本、明监本、汲古阁本的《南齐书·地理志》均阙四
叶，张氏以宋本校之，得补两叶，但另二叶仍阙。 ②

也有同书别本不得补，而于类书中引文得补的。张元济
《校史随笔·南史》"元刊序"条云："此为元建康道九路刊本，
卷首有刊书序，凡四叶，中阙一叶，各家藏本皆同，以为无可访
补矣。江安傅沅叔在《永乐大典》中觅得之，录以见示。" ③ 这是
靠类书而补阙。

第二节　用本书及相类之书校补

秦汉间的竹简、帛书，其中大量是古佚书，过去没有这种
书，当然没有别本。如长沙马王堆汉墓出土的帛书《老子》乙本
卷前四种古佚书，《经法》、《十大经》、《称》、《道原》；湖北云
梦睡虎地战国墓出土的竹简，其中有关秦律的若干种；山东临沂

---

① 　阮元校刻：《十三经注疏》，第 1014 页。
② 　张元济：《校史随笔》，第 34 页。
③ 　张元济：《校史随笔》，第 65 页。

银雀山汉墓出土竹简《孙膑兵法》。这些古佚书，除了有大量通假字、异体字外，还有大量阙文。而这些书都没有同书别本可以校补，主要靠上下文来推求，或是采用相类之书来比勘，尽量设法把阙文补上。这类补阙，目的在于便于阅读，能使残阙的资料发挥一定作用，决不能说补上的阙文完全恢复了原书的面貌。下边从补阙的两种方法，分别举例说明。为了使内容比较集中一些，举的都是帛书《老子》乙本卷前古佚书四种里的阙文。这四种从内容说是一贯的，都是讲的黄老之学，所以实际上四篇是一本书。唐兰认为就是《汉书·艺文志》里的《黄帝四经》，这可备一说。

一 从本书上下文来推究补阙

（10）《经法·国次》："阳窃者天夺□□，□□者土地芒（荒），土敝者天加之兵，人埶者流之四方。"

按"天夺"后阙四字。（凡帛书阙文字数，可据旁行字数推定。竹简阙文字数，据中间距离长度推定。）《十大经·观》："夫是故使民毋人埶，举事毋阳察，力地毋阴敝。阴敝者土芒（荒），阳察者夺光，人埶者拟兵。"又本篇上文说："毋阳窃，毋阴窃。"则阙文应补作："阳窃者天夺其光，阴窃者土地芒。"这几句"光"、"芒（荒）"、

"方"为韵。①

（11）《经法·四度》："毋□□□□，毋御死以生，毋
为虚声，声溢于实，是胃（谓）灭名。"

按"毋"下缺四字，应补作"毋御生以死"，与下句
"毋御死以生"相对。这两句意思即下文所说的："极阳以
杀，极阴以生，是谓逆阴阳之命。"古以春夏为阳，主生；
秋冬为阴，主杀。此言应生养之时，毋行杀伐之事；主杀
伐之时，毋行生养之事。②

（12）《经法·四度》："当者有□。"

《经法·亡论》："有国将亡，当□□昌。"

按两处阙文可以互补，两处均为"当者有昌"。又《经
法·论》："有国将昌，当罪先亡。"与《亡论》意相反，而
句式同。

（13）《十大经·兵容》："当断不断，反受其乱。天固
有夺有予，有祥□□□，□□弗受，反随以央（殃）。"

按据"有夺有予"句式，"有祥"下应补"有不祥"
三字。又据《国语·越语下》："天予不取，反为之灾。"
则"弗受"上应补"天予"两字。全文两句作："天固
有夺有予，有祥有不祥，天予弗受，反随以殃。""祥"、

① 马王堆汉墓帛书整理小组编：《马王堆汉墓帛书：经法》，第9页。
② 拙著《帛书〈老子〉乙本卷前古佚书释文补正》，《语言研究集刊》第1辑，江苏
教育出版社1986年版。例（11）、（12）、（13）、（14）同。

"殃"为韵。

（14）《十大经·三禁》："地之禁，不□高，不曾
（增）下。"

按《称》云："隋（堕）高、增下，禁也。"则"高"
字上应补"隋（堕）"字。

二　用相类之书校补

帛书《老子》乙本卷前古佚书四种，其中有许多语句亦见
于现存古籍。据唐兰《马王堆出土〈老子〉乙本卷前古佚书的研
究》一文的附录《〈老子〉乙本卷前古佚书与其它古籍引文对照
表》所载，有《管子》、《鹖冠子》、《国语·越语》、《尉缭子》、
《慎子》等二十余种。唐氏还认为这些书里的与古佚书四种相同
或相类的语句，是抄自古佚书四种的。当然这个谁抄谁的问题还
须进一步研究。但不管谁抄谁，既然语句相同或类似，就可以用
这些书来校古佚书四种的阙文，这是可以肯定的。下边选录一些
例子。

（15）《经法·论》："逆顺各自命也，则存亡兴坏可知
□。□□□，□生惠，惠生正，□生静。"

按《商君书·去强》："强生威，威生惠。"据此则"知"
后补"也"。后补"强生威，威"四字。"正"字后，依句式

应补"正"字。补后作："逆顺各自命也，则存亡兴坏可知也。强生威，威生惠，惠生正，正生静。"①

（16）《经法·论》："天执一以明三：日信出信入，南北有极□□□□。□□□□死，进退有常，数之稽也。列星有数，而不失其行，信之稽也。"

按《鹖冠子·泰鸿》："日信出信入，南北有极，度之稽也；月信死信生，进退有常，数之稽也；列星不乱其行，代而不干，位之稽也。"据此，可补作："南北有极，度之稽也；月信生信死，进退有常，数之稽也。"

（17）《经法·论约》："四时时而定，不爽不代（忒），常有法式，□□□□，一立一废，一生一杀，四时代正，冬（终）而复始。"

按《春秋繁露·天道无二》："天无常于物，而一于时，时之所宜而一为之。故开一塞一，起一废一，至毕时而止，终有复始为一。"据此于"常有法式"下，似可补"一开一塞"四字。

（18）《十大经·兵容》："□□□之，天地刑之，圣人因而成之。"

按《管子·势篇》："人先生之，天地刑之，圣人成

---

① 详马王堆汉墓帛书整理小组编：《马王堆汉墓帛书：经法》。又唐兰：《马王堆出土〈老子〉乙本卷前古佚书的研究》，《考古学报》1975 年第 1 期。例（16）、（17）、（18）、（19）、（20）同。

之。"《国语·越语下》:"人自生之,天地刑之,圣人因而成之。"据此,本篇可补"人自生"三字。

(19)《称》:"帝者臣,名臣,其实师也。王者臣,名臣,其实友也。朝(霸)者臣,名臣也,其实□□。□□臣,名臣也,其实庸也。亡者臣,名臣也,其实虏也。"

按《说苑·君道》:"郭隗曰:帝者之臣,其名臣也,其实师也。王者之臣,其名臣也,其实友也。霸者之臣也,其名臣也,其实宾也。危国之臣,其名臣也,其实虏也。"又《战国策·燕策》、《鹖冠子·博选》、《贾子·官人》、《韩诗外传》大致相同。据此,本篇于"其实"下可补"宾也。危者"四字。

(20)《称》:"臣有两位者,其国必危。国若不危,君则存也。失君必危。失君不危者,臣故骒(佐)也。子有两位者,家必乱。家若不乱,亲则存也。□□□危。失亲不乱,子故骒(佐)也。"

按《慎子·德言》:"故臣有两位者国必乱,臣两位而国不乱者,君犹在也,恃君而不乱矣。失君必乱。子有两位者,家必乱。子两位而家不乱者,亲犹在也,恃亲而不乱,失亲必乱。"据《慎子》,则"危"字前应补"失亲必"三字。又帛书之"则"字,据《慎子》当读为"犹"。

也有既不从本文上下文补阙,又不用相类之书校补,而依本书之注而补正文之阙的。张舜徽《广校雠略》曾提到过。抄录如下：

    （21）《校书方法论》："余旧苦《逸周书》阙文太多，不易诵读，尝细心籀绎孔晁注解，反覆温寻，而始有得。《大戒篇》：'无□其信，虽危不动。'注曰：'转，移也。'正文无'转'字，而注具之，则阙文必'转'字也。《程典篇》：'不意多□。'注曰：'多用，谓振施也。'正文有'多'字，而注及'多用'，则阙文必'用'字也。如此之流，盖难悉数，循是求之，十必得其七八。可知孔氏作注时，犹多未阙，阙文之出固甚晚。"[①]

    古代碑刻也因为年代久远，字有残阙剥落。其中阙文，前人也常引用有关资料，设法补阙。王念孙《读书杂志》里的《汉隶拾遗》就是最好的例子。这里举《开母庙石阙铭》里的一部分为例。

    《开母庙石阙铭》立于东汉延光二年（123），在河南登封。开母，即启母，启是禹的儿子。因避汉景帝讳，改称"开母"。石阙是篆文，阙字甚多。有些字还有残剩的笔画。今录铭文的前四行为例。行十二字，均四字为句。

---

① 　张舜徽：《广校雠略》，中华书局 1963 年版，第 91 页。

原阙字

□□□□，□防百川。柏鲧称遂，
□□□原。洪泉浩浩，下民震惊。
□□□功，疏河写玄。九山甄旅，
□□□文。爰纳□山，辛癸之间。

补阙后

昔□共工，範防百川。柏鲧称遂，
□□其原。洪泉浩浩，下民震惊。
禹□□功，疏河写玄。九山甄旅，
咸秩无文。爰纳涂山，辛癸之间。

王念孙《汉隶拾遗·开母庙石阙铭》："铭词前十二行，皆以四字为句。弟一行'□□□□□防百川'。弟一字是'昔'字，下半已泐而上半分明。弟三、弟四是'共工'二字，'共'字虽模糊而可辨，'工'字分明。'防'上一字是'範'字，上半竹字模糊，而下半軋字分明。弟二行'□□□原'，原上一字是'其'字，虽模糊而可辨。案《周语》曰：'昔共工虞于湛乐，淫失其身，欲壅防百川，堕高湮庳以害天下。其在有虞，有崇伯鲧，播其淫心，称遂共工之过。'韦注曰：'称，举也。举遂共工之过，谓障洪水也。'即此所云'昔□共工，範防百川。柏鲧称遂，□□其原'也。弟三行'□□□功'，弟一字是'禹'字，下半模糊，而上半分明，此说禹治水之事，故曰'禹□□功，疏河写玄'，水色黑，故曰玄也。弟四行'□□□文'，弟一字是'咸'字，上半戌字分明，唯口字模糊；弟三字是无字，篆作𣝫，上半虽模糊，而下半林字可辨，合观之，乃是'咸秩无文'四字。弟二字虽泐，然在'咸'与'无文'之间，其为'秩'字无疑。此言洪水既平，而祀典毕举也。《洛诰》曰：'咸秩无文'，谓不在礼文者，皆秩次而祀之。'九山甄旅，咸秩无文'，皆用《尚书》之文，犹言望于山川，遍于群神耳。'爰纳□山，辛癸之间'，'山'上一字是'涂'字，虽字首稍泐，而大段分明，即《皋陶谟》所云'娶于涂山，辛壬癸甲'也。"①

王氏在这四行中，引了《国语·周语下》、《书·洛诰》、《书·皋陶谟》等，而补出碑文的阙字，基本上做到信而有征。

---

① 王念孙撰：《读书杂志》，第 985 页。

第五章　校勘方法

　　以上几章是谈校勘的对象，即说明古书中哪些地方须要校勘。这一章谈校勘方法。校勘方法是多种多样的，前人所用的方法不完全相同，对不同的古籍以及不同的错误，所用的方法也不尽相同。陈垣在《元典章校补释例》一书中，将校勘的基本方法概括为对校、本校、他校、理校四种，极为周密。在实践中，这四种方法又经常配合运用，互相补充，所以又有综合校勘法，共有五种。

第一节　对校法

　　对校法是用同书别本互校的校勘方法。在"绪言"中提到刘向《别录》所说的："一人持本，一人读书，若怨家相对，为雠。"这就是对校法。这是校勘方法中最基本的一种方法。

　　进行对校法，首先要广泛搜集同书别本。别本，包括手稿、古钞本及各种刊本。在这些本子中选择一本错误较少的本子作为底本，然后用其他本子校勘。这里举几个采用对校法的典型例子。

清代阮元《重刊宋本十三经注疏》四百一十六卷和《十三经校勘记》二百一十七卷，附《释文校勘记》二十六卷，这是清代校勘史上一部卓越的著作。阮氏采用的基本上是对校法。兹以《毛诗正义》为例。阮元所搜集《毛诗》各本如下：

　　　　经本二：唐石经、南宋石经残本。
　　　　经注本三：孟蜀石经残本、宋小字本、重刻相台岳氏本。
　　　　注疏本四：十行本、闽本注疏、明监本注疏、汲古阁毛氏本注疏。
　　　　引用诸家：陆德明《毛诗音义》、山井鼎《考文毛诗》、浦镗《毛诗注疏正误》等。[①]

当时需要重刻的是《毛诗正义》，即包括《诗》、毛传、郑笺、孔疏四部分。所以必须在注疏本中选择一本错误较少的本子，阮氏即以宋刻十行本为底本。用其他各本校其异同。阮元刻的《毛诗正义》用十行本，凡是该本与其他各本有异文的，在字旁加▲符号，并一一在《校勘记》中说明。如：

──────────

① 　阮元：《毛诗注疏校勘记序》，阮元校刻：《十三经注疏》，第 266 页。

（1）《诗·郑风·大叔于田》："大叔于田，乘乘马。"
毛传："叔之从公田也。"释文："叔于田，本或作'大叔于
田'者误。"

《校勘记》："'大叔于田'，唐石经、小字本、相台
本同。案此正义本也。释文云：'叔于田，本或作大叔于
田者误。'正义标起止云：'大叔至伤女'，下文云：'毛以
为大叔往田猎之时'，又上篇正义云：'此言叔于田，下言
大叔于田，作者意殊。'是与或作本同。此诗三章共十言
'叔'，不应一句独言'大叔'。或名篇自异，诗文则同。
如《唐风·杕杜》、《有杕之杜》二篇之比。其首句有大
字者，援序入经耳。当以释文本为长。"[1]　阮氏不从唐
石经等作"大叔于田"，而从陆氏《经典释文》作"叔于
田"。这是正确的。

（2）《诗·魏风·园有桃》："不我知者，谓我士也骄。"
郑笺："士，事也，不知我所为歌谣之意者，反谓我于君事
骄逸故。"

《校勘记》："'不我知者'，唐石经、小字本同；相台
本作'不知我者'，闽本、明监本、毛本同。案相台本非
也。笺倒经作'不知我者'，正义依之耳，不可据以改经。
下章同。"[2]　阮氏从宋十行本、唐石经、小字本等作"不

①　阮元校刻：《十三经注疏》，第 339 页。
②　阮元校刻：《十三经注疏》，第 360 页。

我知者"，这是合乎先秦句法的。

清黄丕烈是一位校书专家，他刻的《国语》也是采用对校法。他以宋明道二年本为底本，他刻的也全照明道本。用当时盛行的宋公序《补音》本及其它他各本对校。写《校刊明道本〈国语〉札记》，把各本异同载于《札记》，并加上按语，断定是非。如：

(3)《国语·周语三》："高位寔疾颠，厚味寔腊毒。"

《札记》三："惠栋云：'《汉书》同。《补音》（颠）作债。'丕烈按：高诱注《吕览》、李善注《文选》皆引作颠。公序定为债，音方问反，非也。钱（大昕）先生曰：'债，盖谟之讹，颠、谟古通用字。'" 黄丕烈认为应作颠，《补音》作债，是讹字。

(4)《国语·晋语三》："威兮怀兮，各聚尔有以待所归兮，猗兮违兮，心之哀兮，岁之二七，其靡有微兮，若狄公子，吾是之依兮，镇抚国家，为王妃兮。"

《札记》九："（微）当依别本作微。丕烈按：此以威、怀、归、猗、违、哀、微、依、妃为韵。韦解'无有微者亦亡，谓子围也'，是读微为尾而解之也。微、尾古同字，孳尾为字微，微生为尾生，皆其证也。刘向《列女辨通传》云：'有龙无尾者，无太子也。'亦以尾为子，义与此同矣。"①

按例（3）黄氏用宋明道本，例（4）用公序本及其他各本。

鲁迅先生曾经校勘《嵇康集》，也用对校法。他以明吴宽丛书堂钞本为底本，用明嘉靖黄省曾本、汪士贤《二十一名家集》本、张溥《汉魏六朝百三名家集》本、张燮本、程荣本及各家注本、类书等比勘。各本异同悉详注于正文之下。如：

（5）《秀才答四首》（录第二首为例）："君子体通变，否泰非常理。当流则蚁［黄程二张本作'义'，《诗纪》同，惟汪本与此合。］行，时逝［各本作'游'，《诗纪》同。］则鹊起。达者鉴通机，［各本作'塞'，《诗纪》同。］盛衰为表里。列仙殉生命，松乔安足齿？纵躯任世度，至人不私己。"②（原书直行，注双行。今注改用［ ］号表示）

上边提到的采用对校法的三个校刊本，都是最精的校本。

对校法有两个主要的作用：

一、从对校中可以发现古书中的错误。校勘工作的首要条

---

① 《校刊明道本韦氏解国语札记》，载《国语》，第五册《札记》，例（3），第5页；例（4），第12页。

② 鲁迅先生纪念委员会编纂：《鲁迅全集》第9册，人民文学出版社1973年版，第23页。

件是发现错误。知道书中有错误，才能去校正错误。怎样才能发现错误呢？有两种情况：一种是错误非常明显，凭主观就能看出来的。如：

（6）《王梵志诗校辑》：《大有愚痴君》诗："钱财奴婢用，任将别经纪。"　《校记》："经，原作'经'，据文义改。"

（7）同上：《独自心中骤》诗："独自心中骤，四面被兵围。向前十道税，背后铁链链。"　《校记》："税，原作作'挩'，据文义改。"①

凡文句通俗浅显，其中如有错误，校者虽无别本对校，亦可依上下文义校改。

另一种错误，不明显，须用另一个本子对校才能发现，特别是一些脱文。如：

（8）《孙子兵法·计》："地者，远近、险易、广狭、死生也。"

按银雀山竹简本在"远近"前有"高下"二字。各本均无。《孙子》对地形高下特别重视，当依简本补。②

---

① 张锡厚校辑：《王梵志诗校辑》，中华书局 1983 年版，例（6），第 6、7 页；例（7），第 13 页。
② 银雀山汉墓竹简整理小组编：《银雀山汉墓竹简：孙子兵法》，第 29 页。

（9）《抱朴子内篇·道意》："唯宜王者更峻其法制，犯无轻重，致之大辟。购募巫祝不肯止者，刑之无赦，肆之市路，不过少时，必当绝息，所以令百姓杜冻饥之源，塞盗贼之萌，非小惠也。"

王明《抱朴子内篇校释》："宋浙本'息'下有'卒如颇严，而实善政'两句。'姓'下有'病必亲医药，勉（免）强死之祸，省其大费，救其困乏'四句。当据补。"[①]

以上二例，原来文通字顺，看不出错误，只有通过对校，才能发现有脱误，然后依善本补正。

二、对校的另一个重要作用，是作为改正错误的有力证据。根据各种充足的理由，校正了古书中的错误，如果再通过对校，用同书别本作证，那才有了书本可靠证据。如：

（10）《尔雅·释诂下》："栖迟憩休苦呬鮕呬，息也。"郭璞注："栖迟，游息也。苦劳者，宜止息。"

按郭注为"苦劳"作注，则似《尔雅》文本有"劳"字，但如果没有别本作证，也只能存疑而已。今见敦煌《尔雅》残卷（伯3719）正作："栖迟憩休劳苦呬鮕呬，息也。"可证《尔雅》有"劳"字，郭氏所见的本子，尚未脱

---

① 王明：《抱朴子内篇校释》（增订本），中华书局1985年版，第172、180页。

"劳"字。这里敦煌本是一个有力的证据。[1]

(11)《尔雅·释地》："可食者曰原,陂者曰阪,下者曰隰。"郭璞注:"《公羊传》曰:'下平曰隰。'"

郝懿行《尔雅义疏》云:"隰者,当作隰,字之误也。"但当时没有书证。今敦煌《尔雅郭璞注》残卷(伯2661)作"下者曰隰",这可以助证郝氏之说。

《仪礼》传本多讹字,历代学者每据全经礼例,颇有改正,但也有人以为无书本根据,以改经为病。1959年,甘肃武威汉墓出土《仪礼》竹木简四百余枚。这是今日能看到的最早的写本,简本字句与今本有不同,有的即可依此判断前人校勘之是非。近人沈文倬《简本证礼家校勘精义述评》一文,专论此事。兹录其一则为例,说明用善本对校之作用。

(12)《丧服传》:"既练,舍外寝,始食菜果,饭素食,哭无时。"郑注:"素犹故也。谓复平生时食也。"据注则素食上疑非饭字。敖继公据之谓"《传》之饭似当作反"。至卢文弨撰《仪礼注疏详校》,复证之云:"《白虎通》正作反,俗本讹作及。"饭之作反可论定矣,而诸家犹有未信者。胡培翚《正义》云:"郑注或本《白虎通》之义,但此《传》自作饭,

---

① 王重民:《敦煌古籍叙录》,中华书局1979年版,第74页。例(11)同。

与《论语》'饭疏食'文法一例。"今得汉简《丧服传》乙本饭正作反，则今本作饭为后人臆改，夫复何疑！①

对校法具有以上两个作用，所以我们说，对校法是校勘方法中最基本的一种方法。

在运用对校法时要注意一个问题，即不能盲目信古。一般说古本要比后来的本子错误少一些，因为传钞翻刻愈多，那么错误也愈多。但不能以为古本一定是正确的。有人迷信宋刻本，其实宋代人就不信当时的刻本。陆游《跋历代陵名》说："近世士大夫所至喜刻书板，而略不校雠，错本书散满天下，更误学者，不如不刻之为愈也。"②

宋刻本有错误，如阮元刻《十三经注疏》均以宋本为底本，但在《校勘记》中校正了宋本无数的错误。这是明显的事实。唐石经、唐写卷子等，当然比宋刻更珍贵，但同样有错误。阮元在《十三经注疏校勘记》中，有时认为石经无据，而仍从宋刻本。如：

(13)《诗·小雅·何人斯》："壹者之来，云何其盱。"

《校勘记》："小字本、相台本同；唐石经无'其'字，旁添之。案正义标起止，云'至其盱'，又云'毛以此云何其盱'。释文以'其盱'作音，是正义本、释文本皆有'其'

---

① 沈文倬：《菿闇述礼》，《中华文史论丛》1985 年第 1 辑，第 48 页。
② 钱大昕：《十驾斋养新录》，第 439 页。

字。唐石经未知出何本也。"①

　　阮元因为找不到充足的理由来证明唐石经无"其"字是正确的，所以主张保留不改，仍用原来各本。这样处理是正确的。钱大昕在《十驾斋养新录》里也谈到这一条，他认为当从石经无"其"字。提出两个理由：一、《卷耳》和《都人士》"云何盱矣"文法与"云何盱"同，即三字为句，未始不可。二、郑笺云"于女亦何病乎"，既"何病"连文，知中无"其"字。② 其实这两点理由是不充足的：一、从文法句式讲，"云何其盱"与《唐风·扬之水》"云何其忧"完全相同，都是四字句。二、郑笺未及"其"字，"其"在这里本是助词，不为义，所以笺未及。如郑笺在《扬之水》"云何其忧"下，也只说"言无忧也"，亦未及"其"字。钱氏这两点说服力不强，所以阮氏不用石经，仍用宋本有"其"字。这类例子在阮氏《校勘记》中很多。

　　唐写卷子有错误，这也是事实。如张舜徽《广校雠略》："尝取二徐所校《说文解字》，以与唐写本木部残卷对勘，则唐写本有衍字，有脱句，有讹体，有倒文，凡此悉必据二徐本订正之，文谊始全。"③

　　周祖谟《尔雅校笺》用敦煌唐写本《尔雅》两种残卷校宋

---

① 　阮元校刻：《十三经注疏》，第 457 页。
② 　钱大昕：《十驾斋养新录》，第 18 页。
③ 　张舜徽：《广校雠略》，第 94 页。

监本，有的可用唐写本校正后来的本子的讹误，但也有不少地方，后来的本子不误，而唐写本是错误的①，这里不再一一举例。

安徽阜阳汉简《诗经》（简称《阜诗》），这是目前最古的《诗经》写本，在校勘上当然有很高的价值，但是《阜诗》同样也有误字、衍文。如《诗·邶风·简兮》"山有榛"，《阜诗》（S040）作"山有業"。这"業"字显然是"亲"字之误。《说文·木部》："亲，果实如小栗。从木，辛声。《春秋传》曰：女挚不过亲栗。"（侧洗切）又，"榛，木也。一曰菆也"。（侧诜切）是"亲"为榛栗之本字，今常用"榛"字。《阜诗》作"業"，因与"亲"形近而误。又《诗·卫风·木瓜》三章均有"非报也"一句。《阜诗》有两章作"匪报也"与今本同，而有一章作"匪报之也"（S076），此"之"字应是衍文。②

著者自己的手稿本应该说是最可信的，但也会有脱误。如《聊斋志异》在解放后发现了蒲氏的手稿本，这当然非常珍贵，可以根据手稿校正今本许多错误。但手稿也有明显的误脱，要用后来的钞本、刻本校正。例详《聊斋志异》会校会注会评本"后记"。③

以上引了这些例子，不是说古本不珍贵，而是说明在校勘时，要正确对待古本，不能绝对信任，要实事求是。

---

① 周祖谟撰：《尔雅校笺》。
② 胡平生、韩自强：《阜阳汉简〈诗经〉简论》，《文物》1984 年第 8 期。
③ 张友鹤辑校：《聊斋志异》会校会注会评本，中华书局 1962 年版，第 1721 页。

第二节　本校法

本校法是以本书校本书的校勘方法。上边"绪言"中提到的刘向《别录》所说的："一人读书，校其上下，得谬误，为校。"这可能是指本校法。在没有同书别本可以对校的情况下，采用本校法是一种好方法。根据本书的上下文义，相同相近的句式，相同的词语等，校勘本书的错误。例如：

（14）《墨子·法仪》："贼其人多，故天祸之，使遂失其国家。"

俞樾《诸子平议》卷九："按当作'其贼人多'，与上文'其利人多，故天福之'相对。"

（15）《庄子·刻意》："故曰圣人休休焉，则平易矣。"

俞樾《诸子平议》卷十八："按'休焉'二字，传写误倒。此本作'故曰圣人休焉，休则平易矣'。《天道篇》：'故帝王圣人休焉，休则虚。'与此文法相似，可据订正。"①

上边这两个例子是根据本书他篇或本篇的相类句式，校正句式之误。

---

① 俞樾：《诸子平议》，例（14），第166页；例（15），第357页。

（16）《管子·八观》："天下之所生，生于用力；用力之所生，生于劳身。是故主上用财毋已，是民用力毋休也。"

《管子集校》："刘绩云：'天下当作天财，乃字之误也。'……维遹案：刘说是也。《立政篇》'天财之所出'，《国蓄篇》'天财之所殖'，《地数篇》'请问天财所出'，文义并同，是其证。'"①

（17）《楚辞·离骚》："乃年岁之未晏兮，时亦犹其未央。"

闻一多《楚辞校补》："案'犹其'二字当互乙。上文'虽九死其犹未悔'，'唯昭质其犹未亏'，'览余初其犹未悔'，'览察草木其犹未得兮'，并作'其犹未'可证。王注曰'然年时亦尚未尽'，正以'尚未'释'犹未'，是王本未倒。"②

（18）《贾谊新书·审微篇》："夫事有逐奸，势有召祸。"

陶鸿庆《读诸子札记》十："逐奸二字，义不可通。逐盖起字之误。《铸钱篇》云：'夫事有召祸，而法有起奸。'是其证。"③

以上这几个例子是根据本书的他篇或本篇的用词之例，校正误字或倒置的。

---

①　郭沫若、闻一多、许维遹撰：《管子集校》，第 207 页。
②　《闻一多全集》第二册，第 371 页。
③　陶鸿庆：《读诸子札记》，第 301 页。

（19）《逸周书·柔武》：“靡适无□，胜国若化，不动金鼓。”

王念孙《读书杂志·逸周书第一》：“‘靡适（原注：与敌同）无□’，念孙按：阙文当是‘下’字。靡适无下者，无，犹不也。此承上‘以德为本’云云而言。言如此则靡敌不下也。‘下’与‘序’、‘苦’、‘鼓’、‘武’、‘下’为韵。《允文篇》‘靡适不下’，亦与‘语’、‘武’、‘所’、‘户’、‘宇’、‘辅’、‘土’为韵。以是明之。”[①]

（20）《逸周书·武穆》：“等之以□禁，成之以□和。”

朱右曾《逸周书集训校释》卷四：“阙处疑是‘九禁’与‘五和’。‘九禁’见《大开篇》，‘五和’见《大开武篇》。”[②]

以上这两个例子，是根据本书中他篇的用词来填补阙文。

（21）《汉书·高帝纪上》：“祀蚩尤于沛廷，而衅鼓，旗帜皆赤。”

颜师古注以“衅鼓”绝句，也有人认为应于“衅鼓旗”绝句。这两说似乎都通，但据《汉书·郊祀志》云：“徇沛，为沛

---

① 王念孙撰：《读书杂志》，第 8 页。
② 王先谦编：《皇清经解续编》，石印本，卷五十一，第 4 页。

公，则祀蚩尤，衅鼓旗。遂以十月至霸上，立为汉王。因以十月为年首，色上赤。"① 则颜氏句读误，应于"鼓旗"绝句。这就是依赖本校法，解决了句读问题。

本校法也比较可靠。因为一本书有一本书的体例，一个作者的用词造句也有一定的时代性。虽不是直接的原文对校，可是用本书校本书，也是比较接近于直接的。要采用本校法，必须对本书前后融会贯通，才能达到左右逢源。

第三节　他校法

他校法是用他书校本书的校勘方法。所谓他书，范围是很广的，如内容相近的同类的书，本书有引用他书的，或他书有引用本书的，或同记一事的。这些都可以用来作他校的资料。上文"补阙"一章里谈到帛书《老子》乙本卷前古佚书四种，它的语句与现存的古籍如《管子》、《鹖冠子》、《国语·越语》等二十余种有相类似之处。用这些书来补阙，这就是他校法。张舜徽《广校雠略》有一节论"取相类之书对校"，就是指他校法。摘录于下：

---

① 王先谦撰：《汉书补注》，第31、538页。

（22）校书首贵广罗异本，其次莫若采相类之书以比勘其异同。如读《逸周书·时训篇》，则凡《吕氏春秋》十二月纪、《礼记·月令》、《淮南子·时则篇》，皆可供吾校勘之资。读《墨子·所染篇》，亦可取《吕览·当染篇》校勘。此皆篇题相似，而所载大同者也。他若《逸周书》有《官人篇》，《大戴礼记》亦有《官人篇》，《荀子》有《劝学篇》，《大戴礼记》亦有《劝学篇》，题既无殊，文亦少别，足供取证，为用更多。若夫文辞全同，篇题有别，分之则各载本书，合之则固为一物，左右采获，彼此对雠，斯又校勘家之依据也。荀卿之书，与两戴《礼记》相表里，自《劝学篇》与《大戴记》全同外，如小戴所传《三年问》，全出《礼论篇》；《乐记》、《乡饮酒义》所引，俱出《乐论篇》；《聘义》"子贡问贵玉贱珉"，亦与《德行篇》大同；《大戴记·礼三本篇》亦出《礼论篇》；《哀公问五义篇》出于《哀公篇》。两两相校，则文字章句间固有合有不合，学者宜择善而从，又未可囿于经子畛域，而妄分轩轻矣。非特诸子之书可用以校经也，史官所载，亦有同于传记者，取彼证此，为益无方。《大戴礼记·礼察》、《保傅》两篇，《汉书·贾谊传》悉有之，盖原为贾生《陈政事疏》之文，而见录于礼家者也。《礼察篇》："先王执此之正，坚如金石；行此之信，顺如四时，处此之功，无私如天地。"《汉书》"功"作"公"，以文义绳之，则《汉书》是而《戴记》非也。下文又云："安者非一日而安也，危者非一日而危也，皆以积然，不可不察也。"《汉书》"积"下有"渐"字，以文义绳之，则《戴记》显有脱字也。《汉书》"所以长恩且明有仁也"句下，直总结之曰："殷周之所以长久者，以其辅翼太子有此具也。"文从字顺，辞气安雅。而《保傅篇》于其间多出"食以礼，彻以乐"以下一百九十五字，反致上下文意滞塞难通。其中大段文字，既称引明堂之位，盖即《汉志》所录《明堂阴阳》三十三篇中之文，初为旁注，后乃窜入正文者。使非《汉书》具存，将何以订《大戴礼记》之失？举一反三，无烦悉数。可知相类之书，有明见于篇题者，有不见于篇题者，要非博稽广揽，融会错综以推寻之，固不足以校其同异，定其是非也。①

下边是据《大戴礼记·劝学》校正《荀子·劝学》的例子：

（23）《荀子·劝学》："昔者瓠巴鼓瑟，而流鱼出听。"

王先谦《荀子集解》："流鱼，《大戴礼》作'沈鱼'是也。鱼沈伏，因鼓瑟而出，故云'沈鱼出听'。《韩诗外传》作'潜鱼'，潜，亦沈也。"②

---

① 张舜徽：《广校雠略》，第88—90页。
② 王先谦：《荀子集解》，商务印书馆据王先谦刻本影印，卷一，第7页。

《史记》与《汉书》有同记一人、同载一事者，而且《汉书》每多采自《史记》，所以《史记》是校《汉书》的重要资料。王念孙《读书杂志·汉书》中用《史记》校正《汉书》者很多。今举《汉书·李广利传》一例。张元济《校史随笔》亦转引王氏此例，并排列两书异同，较为明显。兹录张氏文如下：

(24)《校史随笔·汉书》："《李广利传》有错简正文六十九字，注文二十八字。景祐本与监本、汲古阁本、殿本均同。盖沿误久矣。王念孙《读书杂志》依《史记·大宛传》改正如下：

景祐本

围其城，攻之四十余日，宛贵人谋曰：王母寡匿善马，杀汉使。（师古曰：母寡，宛王名）今杀王而出善马，汉兵宜解。即不，乃力战而死，未晚也。宛贵人皆以为然，共杀王，其外城坏，虏宛贵人勇将煎靡。（师古曰：宛之贵人为将而勇者，名煎靡也。煎音子延反）宛大恐，走入城中，相与谋曰：汉所为攻宛，以王母寡。持其头，遣人使贰师。

王氏改正

围其城，攻之四十余日，其外城坏，虏宛贵人勇将煎靡。（师古曰：宛之贵人为将而勇者，名煎靡也。煎音子延反）宛大恐，走入中城，相与为谋曰：汉所为攻宛，以王母寡匿善马，杀汉使。（师古曰：母寡，宛王名）今杀王而出善马，汉兵宜解。即不，乃力战而死，未晚也。宛贵人皆以为然。共杀王，持其头，遣人使贰师。

原文文义不顺，察其字体，并无顾千里所谓补版及剜损之迹，盖原本如此，岂余靖等未曾刊正邪！"[1]（按余靖是宋景祐本之校刊者）

前人常用本书之古注校本书，这是他校法中最好的依据。因为古注所据的本子较早。有的正文已误，而古注未误，即可据古注订正正文。如高诱注《淮南子》，则所据之本最迟不会晚于东汉末。这里举王念孙据高诱注校《淮南子》一例：

（25）《淮南子·原道》："此俗世庸民之所公见也，而贤知者弗能避也。"

王念孙《读书杂志·淮南内篇第一》："高（诱）注曰：'以谕利欲。故曰有所屏蔽也。'念孙按：如高注，则正文避字下，当有'有所屏蔽'四字，而今本脱之也。此承上文而言，言先者有难，而后者无患，此庸人之所共见也；而贤知者犹不能避，则为争先之见所屏蔽故也。故注云'故曰有所屏蔽也'。凡注内'故曰'云云，皆指正文而言，以是明之。"[2]

---

[1] 张元济：《校史随笔》，第10页。
[2] 王念孙撰：《读书杂志》，第769页。

这种订正都是十分精确可靠的。

凡是古类书及文集古注，有引用本书的语句的，这也是他校法的重要依据。如闻一多《楚辞校补》据他的《校引书目板本表》所载，他引用类书及文集注作为校勘资料者，有五十七种。校勘资料愈多，就愈容易发现问题。这里选用《楚辞校补》两个例子。

（26）《楚辞·九辩》："惆怅兮而私自怜。"

《楚辞校补》："案：'而'字疑衍。句中'兮'字本兼具虚字作用。'惆怅兮私自怜'，犹'惆怅而私自怜'也。《文选》孙子荆《征西官属送于陟阳候作诗》注、陆士衡《挽歌》注、张平子《四愁诗》注引并无'而'字。（原注：《西征赋》注引又有'而'字，无'兮'字，正以此'兮'字本具'而'之作用，故误之）"

（27）《楚辞·招魂》："十日代出，流金铄石些。"

《楚辞校补》："案：古言'天有十日'，更番运照。则一时仍只一日，此犹常态也。又言'十日并出'（《庄子·齐物论篇》、《淮南子·本经篇》、《御览三》引《逸周书》），则十日同时俱出，故其为热酷烈，异于常时。此曰'流金铄石'，似'代'当为'并'之讹。'十日并出，流金铄石'，犹《淮南子·本经篇》言'十日并出，焦禾稼，杀草木'也。今本作'代'，或后人习闻代出之说而妄改。《类聚》一、《白帖》

一、《御览》四、《合璧事类·前集》一一、《文选》刘孝标《辨命论》注、《草堂诗笺二八》雷《笺》、五百家注《韩集》五、《卢仝月蚀诗》孙《注》引俱作'并',可据以正今本之误。"①

这里闻氏引用了七处类书或古注,证'十日代出'为'十日并出'之误。

下边这个例子也是用他校法,用了两个例证,一个是后人的引文,另一个是类书。

(28)南朝齐孔稚圭《北山移文》:"钟山之英,草堂之灵,驰烟驿路,勒移山庭。"

徐复《读〈文选〉札记》:"往年黄季刚先生讲授《文选》,疑'驿路'盖本作'驿雾',驰、驿词性相同,驿亦驰也。谓王勃《乾元殿赋》:'寻出缅岭,驿雾驰烟',即本于此。其说为前人所未发,亟录之以俟更证。嗣在重庆时,阅影宋本《太平御览》卷四十一引《金陵地记》,所举孔文首四句,正作'驰烟驿雾',知宋人所见本,尚有不误者,可用以证成师说,洵属快事。"②

① 《闻一多全集》第二册,例(26),第445页;例(27),第453页。
② 徐复:《读〈文选〉札记》,《南京师院学报》1979年第1期。

在用他校法时，应正确对待古类书及文集古注。这种书是他校时的参考资料，但决不能尽信。因为古人所编类书，所注文集，在引书时往往很随便，有的约取其辞，有的节用书意，不尽如原文。所以在运用这些资料时，要十分慎重，特别只有一个例证时，更不能尽据以改正原文。像以上这些例子，都是在一条里举了几个例证，那可靠性就强了。

凡是在没有条件用对校法、本校法的情况下，他校法是十分需要的。陈垣在《元典章校补释例》中举了一个典型的例子：

(29)《元典章校补释例》卷六：《元典章》有一处云"荨麻林纳尖尖"，元刻本、沈刻本同。另一处作"纳失失"，元刻本、沈刻本同。其中必然一是一非。陈氏云："欲证明此'纳尖尖'、'纳失失'之是非，用对校法不能，因沈刻与元刻无异也。用本校法亦不能，因全部《元典章》关于'纳尖尖'、'纳失失'止此二条也。则不得不求诸《元典章》以外之书。《元史》卷七七《祭祀志》国俗旧礼条：'舆车用白毡青缘，纳失失为帘，覆棺亦以纳失失为之。'卷七八《舆服志》冕服条：'玉环绶，制以纳石失。'注：'金锦也。'又：'履，制以纳石失。'《舆服志》中'纳石失'之名凡数见，则《元典章》'纳失失'之名不误，而'纳尖尖'之名为元刻与沈刻所同误也。"①

————————

① 陈垣撰：《校勘学释例》，第147页。

第四节　理校法

理校法是以充足理由为依据的校勘法，也称为推理校勘法。推理即指演绎、归纳、类比等推理。运用这些推理，除了它各有一定的形式规律外，更重要的是必须具有充足的理由。这里所说充足理由是多方面的，如文例、文字、音韵、训诂、语法、历史、制度等，都可以用来作为充足理由，订正书中的错误。所举的理由愈充足，勘正的可靠性愈强。举几个例子：

（30）《诗·周南·汉广》："南有乔木，不可休息。汉有游女，不可求思。"

孔颖达《毛诗正义》："以'泳思'、'方思'之等，皆不取'思'为义，故为辞也。经'求思'之文在'游女'之下，传解乔木之下，先言'思，辞'，然后始言汉上。疑经'休息'之字作'休思'也。何则，《诗》之大体，韵在辞上，疑'休'、'求'字为韵，二字俱作'思'。但未见如此之本，不敢辄改耳。"阮元《校勘记》云："正义之说是也，此为字之误。"[1]

---

① 阮元校刻：《十三经注疏》，第282、285页。

这里孔氏举了两个理由来证明"息"为"思"字之误：一、毛传先训"思"，后训"汉上"；二、诗的用韵体例。

(31)《三国志·吴书·吕蒙传》："此子敬内不能办，外为大言耳。孤亦恕之，不苟责也。"（第 1281 页）

吴金华《〈三国志〉考释》："朱起凤《辞通》：'苟为苛字之讹，形相涉也。'谨按：'苟责'似为不辞。朱氏以形误说之，是矣。汉隶'苛'作'苛'，讹而为'苟'。《庄子·天下篇》：'君子不为苛察。'《经典释文》：'苛，本作苟。'今知'苛责'亦魏晋俗语。《方言》卷二：'小怒曰齘，陈谓之苛。'郭璞注：'相苛责也。'字多从口作'呵'，《魏书·三少帝纪·高贵乡公髦》：'吾数呵责，遂更忿恚。'（143 页）又《贾逵传》注引《魏略》：'休怨逵进迟，乃呵责逵。'（483 页）又注引《魏略列传》：'步步呵责守围将士，随轻重行其罚。'（485 页）又《赵俨传》：'晃所督不足解围，而诸将呵责晃促救。'（670 页）字或从言作'诃'，本书《顾雍传》注引《江表传》：'雍内怒之，明日，召谭，诃责之。'（1127 页）均其例。"①

这是先从字形证苟为苛之误，再从训诂说明"苛责"即

---

① 吴金华：《〈三国志〉考释》，《南京师院学报》1983 年第 1 期。

"呵责"，是魏晋习用之语，作"苟责"是误字。

（32）《汉书·高帝纪》："由所杀蛇白帝子，所杀者赤帝子故也。"

王念孙《读书杂志·汉书一》："下'所'字，涉上'所'字而衍。'杀者'谓杀蛇者也。则'杀者'上不当有'所'字。《文选·王命论》注，引此无'所'字，《史记》同。《郊祀志》曰：'蛇白帝子，而杀者赤帝子也。''杀者'上亦无'所'字（原注：《史记·封禅书》同）。"[1]

这是从语法说明"所杀者"的"所"是衍文。

（33）陈垣《史讳举例》卷四，因避讳改字而致误例："《南史·隐逸传》：'陶潜字渊明，或云字深明，名元亮。'上'渊'字亦当为'深'，后人回改。《宋书》云：'陶潜字渊明，或云渊明字元亮。'甚显白。《南史》原文必与《宋书》同，但避讳改'渊'为'深'耳。后人校《南史》者不察，遂传写颠倒如此。"

又因避讳一书误为二书例："《宋史·艺文志》经解类有颜师古《刊谬正俗》八卷，儒家类又有颜师古《纠谬

① 王念孙撰：《读书杂志》，第174页。

正俗》八卷。此书本名《匡谬正俗》，宋人避讳，或改为'刊'，或改为'纠'，其实一书也。"①

这两个例子是从古人避讳的事实，而勘正书中错误。

陈垣在《元典章校补释例》中论"理校法"，极为精辟。他说："段玉裁曰：'校书之难，非照本改字不讹不漏之难，定其是非之难。'所谓理校法也，遇无古本可据，或数本互异，而无所适从之时，则须用此法。此法须通识为之，否则卤莽灭裂，以不误为误，而纠纷愈甚矣。故最高妙者此法，最危险者亦此法。昔钱竹汀先生读《后汉书·郭太传》'太至南州过袁奉高'一段，疑其词句不伦，举出四证。后得闽嘉靖本，乃知此七十四字为章怀注引谢承书之文，诸本皆傫入正文，惟闽本独不失其旧。今《廿二史考异》中所谓'某当作某'者，后得古本证之，往往良是，始服先生之精思为不可及。经学中之王、段，亦庶几焉。"② 这是陈氏极为宝贵的经验之谈。

薛正兴在《谈王念孙的推理校勘》一文中说："王氏的高明处，不在于'照本改字不讹不漏'，正是在缺乏对证的情况下，使用理校法，去发现并校正书中的错误。尽管当时限于条件，缺乏资料来直接证成王氏之说，但是，由于他推理时逻辑的严密，

---

① 陈垣撰：《史讳举例》，中华书局 1962 年版，第 50、67 页。
② 陈垣撰：《校勘学释例》，第 148—149 页。

论证中类例的可靠，王氏的校正充满真知灼见，令人十分信服。随着时间的推移，新的资料（或实物）陆续有所发现，用来与王氏校勘相对照，竟然若合符节！对此，我们不能不惊叹王氏理校之精审。"薛文并举了八个例子。下面选录两个例子和他的按语：

（34）《管子·白心篇》："满盛之国不可以仕任；满盛之家不可以嫁子，骄倨傲暴之人，不可与交。"

《读书杂志·管子七》："念孙案：'任'即'仕'字之误。今作'仕任'者，一本作'仕'，一本作'任'，而后人误合之也。尹（知章）注云：'不可任其仕。'则所见本已衍'任'字矣。'交'当为'友'，亦字之误也。仕、子、友为韵。"

"这一条既有衍文，又有误字，王念孙从文字形体、用韵通例两方面作比较，勘正了文字。当时无任何资料可供对勘，只能以理校之。从韵例来看，仕、子、友同属古韵之部为韵，'任'属古韵侵部，作'仕任'则失韵矣；'任'与'仕'形体相似，'任'当为'仕'之误字而衍。'交'属古韵宵部，作'交'则失韵矣，'交'当为'友'字形似而讹。王说是可信的。近年出土的马王堆汉墓帛书《老子》乙本卷前第三种古佚书《称》中作：'不士（仕）于盛盈之国，不嫁子于盛盈之家，不友□□□易之〔人〕。'作'士'（仕）而不作'仕任'，作'友'而不作'交'，正可以作为王说的有力佐证。"

（35）《晏子春秋·内篇谏下》："古者之为宫室也，足以便生，不以为奢侈也，故节于身谓于民。"

《读书杂志·晏子一》："孙（渊如）曰：'谓字疑误。'念孙案：'谓'当为'调'，形相似而误也。（《集韵》引《广雅》：'识，调也。'今本调作谓）调者，和也。言不为奢侈以劳民，故节于身而和于民也。《盐铁论·遵道篇》曰：'法令调于民，而器械便于用。'文义与此相似。后《问上篇》曰：'举事调乎天，籍敛和乎民。'亦与此'调'字同义。"

"王念孙根据文字、义训两方面进行分析，推断'谓'字为'调'字形似而误。一、若作'谓'字，则文义窒碍不通，故孙渊如已疑'谓'为误字，但不知为何字之误；二、'谓'与'调'，字形相似，有致误的可能，且有类例；三、作'调'字，训作'和'，则文从字顺，意义明畅。王氏所校，当时虽无旧本可供对证，但其说有理，可谓真知灼见。近年出土的山东银雀山汉墓竹简《晏子春秋·内篇谏下》，这句正作'节于身而调于民'，与王校若合符节。近人张纯一《晏子春秋校注》云：'洪（颐煊）云：《尔雅·释诂》"谓，勤也"。黄（以周）苏（舆）说同。纯一案：《墨子·辞过篇》："是故圣王作为宫室便于生，不以为观乐也……故节于生，诲于民。"诲谓义近。《书·大禹谟》

曰:"克勤于邦,克俭于家。"此"节于身"即"俭于家","谓于民"即"勤于邦",盖禹法也。'张氏校注不从王说,而依误字曲为之解,殊失文义。

"由念孙校正《晏子》此例推阐,我们还可以校正《墨子》书中的一处错误。《墨子·辞过》:'是故圣王作为宫室,便于生,不以为观乐也;作为衣服带履,便于生,不以为辟怪也,故节于身诲于民。'正兴按,《墨子》这一段与上述《晏子》一段文义正相似。彼作'故节于身谓于民',念孙已校定'谓'字为'调'字形似而误,并为银雀山汉墓竹简所证实;此作'故节于身诲于民',其中'诲'字亦当为'调'字形似而讹,是涉同篇下文'故作诲妇人治丝麻'、'故圣人作诲男耕稼树艺'二'诲'字而误书。因校注《墨子》书者,对'诲于民'句,习焉不察,未加理董,故今顺带校正,并附识于此。"[1]

段玉裁也精于校勘,下面选几则他用理校法而今得古本确证的例子:

    (36)《诗·陈风·墓门》:"夫也不良,歌以讯之。"毛传:"讯,告也。"

---

[1]　薛正兴:《谈王念孙的推理校勘》,《社会科学战线》1985年第2期。

段玉裁《诗经小学》："《尔雅》：'誶，告也。'《释文》：'誶，沈音粹，郭音碎。'《说文》：'誶，让也。从言，卒声。《国语》曰誶申胥。'《广韵·六至》誶下引《诗》'歌以誶止'。按：誶、讯义别，誶多讹作讯，如《尔雅》：'誶，告也。'《释文》云：'本作讯，音信。'《说文》引《国语》作誶，今《国语》作讯。《诗》'歌以誶止'、'誶予不顾'传：'誶，告也。''莫肯用誶'笺：'誶，告也。'正用《释诂》文，而《释文》误作讯，以音信为正。赖王逸《离骚》注及《广韵》所引可正其误耳。《广韵》引'歌以誶止'，今本止讹之。《列女传》作'歌以讯止'，讯字虽误，止字尚未误。"[1]　按近年安徽阜阳汉墓出土《诗经》竹简，作"□梓止夫也□□歌以誶"[2]，则段氏以为应作"誶"，得到了确证。

段氏花费了毕生的精力，著《说文解字注》。同时人王念孙极为推崇此书。王氏在序里说："千七百年来无此作矣。"但也有人以为段氏自信太过，凭臆多改许书。可是张舜徽以段注木部与唐写本木部残卷核对，则段注所改与唐写本合者甚多。今节录张氏所述于下：

---

① 阮元编：《皇清经解》，卷八十七，第 3 页。
② 文物局古文献研究室、安徽阜阳地区博物馆阜阳汉简整理小组：《阜阳汉简〈诗经〉》，《文物》1984 年第 8 期。

（37）《广校雠略》卷四："尝取唐写本《说文》木部残卷以校段注，则段氏所改易而与唐本暗合者，实不可胜数。有径改说解中全误之字者：楗，二徐本作'限门也'，段改限作岠；栅，二徐本作'编树木也'，段改树作竖；綦，二徐作'博綦'，段改博作簙，是也。有正形近之讹者：煁，二徐本作'积火燎之也'，段改火作木；枥，二徐本作'枥，槂桦指也'，段改桦作柙，是也。……凡此皆独出己见，是正讹误，与唐人写本若合符契。"①

段氏著《古文尚书撰异》，勘正今本误字甚多。其中有当时仅凭理校，无别本可以印证，但今与敦煌《尚书》残卷相对照，每多符合者。说详王重民《敦煌古籍叙录》②，这里不再举例。

以上是用清代段、王二大家校勘的事例，说明理校是最高妙的校勘方法。那么为什么又说它是最危险的校勘方法呢？因为理校不凭本书别本为根据，而以各种理由为依据。如果所举理由不充足，仅凭主观想法校勘，这就会产生以不误为误，或以误改误等情况，则愈校而错误愈多。校书中以臆妄改的例子很多。这里举《辽史》一例：

（38）张元济《校史随笔·辽史》"钩鱼"条大意说，

---

① 张舜徽：《广校雠略》，第 99 页。
② 王重民：《敦煌古籍叙录》，第 14 页。

《辽史》元刻本常言"钩鱼"，如《纪第一》："太祖九年十月，钩鱼于鸭渌江。"《萧奉先传》："上幸混同江钩鱼。"全书凡二十二见。但是殿本、南监本都作"钓鱼"，只有北监本有一处作"钩鱼"。究竟应作"钩鱼"，还是"钓鱼"呢？后检《辽史拾遗》引程大昌《演繁露》，才知作"钓鱼"之误，应作"钩鱼"。"钩鱼"是辽时王室的一种盛礼。天寒时，设帐于冰上，凿冰取鱼，谓之"钩鱼"。由于后来校者习见"钓鱼"，不明"钩鱼"之制，凭主观就把"钩鱼"均改为"钓鱼"。[①]

我们曾对高亨《老子正诂》（重订本）中有关校勘的注释，作了一个粗略的统计。统计该书采用四种校勘法所得的结论，与帛书《老子》甲乙本的符合情况，见下表：

校法	次数	与《老子》甲乙本不符的	符合的	符合比率
对校	66	40	26	40%
本校	2		2	
他校	10	9	1	
理校	52	49	3	6%
总计	130	98	32	

说明：这里一百三十条包括高氏自己的意见和同意前人校勘的意见。

---

① 张元济：《校史随笔》，第104—105页。

帛书《老子》甲乙本，当然不能说完全符合《老子》原本，但究竟是秦汉间的本子，应该说是比较接近原本的。用它来比较，大致可以衡量校勘正确性的程度。

从这个统计中可以看出，《老子正诂》作者较多用的是对校和理校，其他两种数量太少，所以不再计算它的符合率。对校的符合率比较高，理校的符合率非常低，二者成为明显的对照，所以从一般人来说，理校是一种最危险的校勘方法。陈垣说："若《元典章》之理校法，只敢用之于最显然易见之错误而已，非有确证，不敢藉口理校而凭臆见也。"①

这里再可以举一个比较突出的例子，说明理校法用得不好，是十分危险的。前边说王念孙是清代训诂学大家，也是校勘大家，但智者千虑，必有一失。下面就举他的一例：

　　（39）《汉书·淮南衡山济北王传》："初，安入朝，献所作内篇，新出，上爱秘之。使为《离骚传》。旦受诏，日食时上。"

　　王念孙《读书杂志·汉书九》："师古曰：'传谓解说之，若《毛诗传》。'念孙案：传，当为傅。傅与赋古字通。使为《离骚傅》者，使约其大旨而为之赋也。安辩博善为文辞，故使作《离骚赋》。下文云：安又献《颂德》及《长

———————

① 　陈垣撰：《校勘学释例》，第149页。

安都国颂》。《艺文志》有《淮南王赋》八十二篇，事与此
并相类也。若谓使解释《离骚》，若《毛诗传》，则安才虽
敏，岂能旦受诏而食时成书乎？《汉纪·孝武纪》云：'上
使安作《离骚赋》，旦受诏，食时毕。'高诱《淮南鸿烈解
叙》云：'诏使为《离骚赋》，自旦受诏，日早食已。'此
皆本于《汉书》，《太平御览·皇亲部十六》引此作《离骚
赋》，是所见本与师古不同。"①

　　杨树达《汉书窥管·五》驳王氏说，云："传字不误，
王说非也。西汉时传与故不同。故谓训故，传则泛论也。
《齐诗》有《后氏故》，又有《后氏传》。《韩诗》有《韩
故》，又有《韩内外传》。只《鲁诗》有《鲁故》而无传。
《毛诗》合训诂与泛论为一书，故统名《故训传》，说详具
《艺文志》。《艺文志》言齐、韩传取《春秋》，采杂说，咸
非其本义。此说明西仅时传之体裁本如此，今《韩诗外传》
尚可见也。梁昭明太子《文选》卷五十一载王褒《四子讲
德论序》云：'褒既为益州刺史王襄作《中和乐职宣布之
诗》，又作传，名曰《四子讲德》以明其意焉。'今观《四
子讲德论》，但明作意，非解释文字之训诂体也。至东汉则
不然。马融著诸经传，荀爽著《易传》，书虽不存，遗文可
见，则皆训故体也。东汉之所谓传者，实西汉之故。荀悦

---

① 　王念孙撰：《读书杂志》，第296页。

东汉人，但知有训故之传，不知有西汉时泛论体之传，妄疑《离骚》全篇之训故非半日所可成，故妄改传为赋。不知泛论作意之传，以安之博辩善为文辞，半日成之，决非难事也。班固《离骚序》云：淮南王安叙《离骚传》，以'《国风》好色而不淫'云云，又《文心雕龙·辨骚篇》云：'昔汉武爱《骚》而淮南作《传》，以为《国风》好色而不淫，《小雅》怨诽而不乱，若《离骚》者，可谓兼之。蝉蜕秽浊之中，浮游尘埃之外，皭然涅而不淄，虽与日月争光可也。'所引即是淮南王所作之传文，与《四子讲德论》文体略同，非赋体也。荀悦殆未考此文，故尔妄改。王氏博学，不容未见，乃亦盲从荀悦之说，殊可怪诧。要之皆坐不知传字两汉体裁之不同，故有所蔽而不觉耳。"①

杨说是。这本是不成问题的事。班固《汉书·淮南王传》称"离骚传"，在他所作的《离骚序》中也说"淮南作传"，并且引一部分传文。传文的内容是泛论，不是训诂；文体是散文，不是赋。事情再清楚不过了，根本不存在疑问。王氏在这里却立新意，用理校法推论，以为半天写不成传，只能写成赋；又以为传是傅字之形讹，傅又为赋之通借。这样辗转推论，理由极不充足，既不能破，又不能立，必然无法证成其说。可见运用理校要

---

① 杨树达：《汉书窥管》，第345—346页。

特别慎重，素以精审著称的王念孙，尚且会有失误。

其实王氏的说法与班固的本意，差别只是在文体问题上。可是事有凑巧，后来五十年代有位学者，由王氏的说法，又进了一大步，说淮南王做的《离骚赋》就是现在的《离骚》，那就否定了屈原是《离骚》的作者。当时郭沫若作《评〈离骚〉底作者》①，杨树达写了《离骚传与离骚赋》②驳斥了这个错误论点。这个错误当然由这位学者负责，但不能不说他确是受了王氏的影响。

胡适在《校勘学方法论》一文中，认为"用善本对校是校勘学的灵魂，是校勘学的唯一途径"。而推理的校勘"不是校勘学的正轨"，"不过是校勘学的一个支流"。③ 胡氏这种看法有一定的片面性，用善本对校是校勘的一种重要方法，但不是唯一的方法，更不能把推理校勘说成不是正轨的。所谓善本、古本也不是绝对正确的，要靠推理校勘论证其是非。至于用推理校勘，或由于论据不足而轻率妄改，那是运用者的问题，决不能由此贬低推理校勘法本身的价值。上边提到的陈垣所说，理校是"最高妙"之法，又是"最危险"之法，这才是对推理校勘辩证的、确切的评价。

---

① 郭沫若：《郭沫若古典文学论文集》，上海古籍出版社 1985 年版，第 320 页。
② 杨树达：《积微居小学述林》，中华书局 1983 年版，第 257 页。
③ 胡适：《校勘学方法论》，《国学季刊》第四卷第 3 期。

第五节 综合校勘法

上述四种校勘法为校勘之基本方法，在实践中往往几种校勘法结合使用，这就是综合校勘法。因为单用一种校勘法，有时不能作出结论，即使作出结论，也不一定可靠。

如单纯用对校法，发现了几个本子有异文，除了明显的错误可以凭一般理解，判断何本是何本非；极大部分须与其他校勘方法结合，才能判断几种异本的是非。例如：

（40）《后汉书·郑玄传》载《戒子益恩书》："吾家旧贫，不为父母群弟所容，去厮役之吏，游学周秦之都，往来幽并兖豫之域，获觐乎在位通人、处逸大儒。"

据各家校，"不为父母群弟所容"之"不"字，为衍文。一、对校——宋本《后汉书》无"不"字。二、他校——宋本《太平御览》卷四百五十九引《后汉书》，《通志》卷一百八《郑玄传》，唐史承节撰《汉郑康成碑》（见《金石萃编》卷七十六），均无"不"字。三、理校——《隋书·儒林传》载刘炫自为赞曰："通人司马相如、杨子云、马季长、郑康成等，皆自叙风徽，传芳来叶。"下文说到自己："家业贫窭，为父兄所饶，厕搢绅之末，遂得博览典诰。"刘炫之言，显然仿郑玄《戒子书》，以此推之，可证《戒子书》本无"不"字。"容"、"饶"
义近，均为宽容之意，言得父母昆弟之宽容照顾，不为厮役之
事，而得游学周秦之都。后人因《后汉书·郑玄传》有"不乐为
吏，父数怒之"的话，因此在《戒子书》里妄加"不"字。按此
运用对校、他校、理校综合校勘，可确证"不"字为衍文。①

　　（41）《老子》三十八章："上德无为而无以为。下德为
之而有以为。上仁为之而无以为。上义为之而有以为。上
礼为之而莫之应，则攘臂而扔之。"（王弼本）

　　帛书《老子》甲、乙本皆无"下德为之而有以为"一句，
今各本均有此句，但傅本、范本作"下德为之而无以为"。这样
就有三种不同的本子。要确定三种本子孰是孰非，凭对校无法解
决问题，非借助理校不可。

　　高明《帛书〈老子〉甲乙本与今本〈老子〉校勘札记》
云："按：此段文字主要阐述德仁义礼四者关系，老子认为
德仁义礼相为更生，则每况愈下。如云：'失德而后仁，失
仁而后义，失义而后礼。夫礼者忠信之薄，而乱之首也。'
他用无为的观点看待德仁义礼，则以'无为而无以为'最

---

① 　参见王利器：《郑康成年谱》，齐鲁书社1983年版，第157页。

上，'为之而无以为'其次，'为之而有以为'再次，为之而无反应，予以报复最次。四者逐相递差，原文逻辑性很强。今本衍'下德'一句，造成词义重叠。如按王弼诸本衍作'下德为之而有以为'，则同'上义'一句相重；若依傅、范诸本衍作'下德为之而无以为'，则同'上仁'一句相重。可见今本'下德'句非《老子》原文。验之《韩非子·解老篇》，亦只言'上德'、'上仁'、'上义'、'上礼'而无'下德'，足证甲乙本保存了古文原貌，世传今本皆有衍误。"①

高明这一段是在对校的基础上，用推理校勘，后面又加上用《解老》作他校，确证"下德"一句为衍文。

　　(42)《三国志·吴书·张温传》："若山越都除，便欲大构于（蜀）〔丕〕。"（中华书局标点本，第133页）

按宋本及其他各本均作"大构于蜀"。后得新疆鄯善出土晋写本残卷校之，作"大构于丕"。但究竟何者为是，还得用理校法解决。

---

① 高明：《帛书〈老子〉甲乙本与今本〈老子〉校勘记》，《文物资料丛刊》第 2 期，文物出版社 1978 年版。

　　张元济《校史随笔·三国志》:"按:张温使蜀,为吴黄武三年,是时魏以兵力迫吴,曹休、曹仁、曹真等先后进击。权以扬越蛮夷,多未平集,内难未弭,不得不屈意求和。然外托事魏,而非诚服也。故与蜀释嫌修好,先以郑泉往聘,逮蜀以邓芝来报,邦交渐复。吴是时实有联蜀图魏之意,故于后来黄龙元年与蜀所立盟辞,痛斥操丕。且有'今日灭叡,禽其徒党,非汉与吴,将复谁在?'之语。若如宋本原文,便欲大构于蜀,则与前后事实,均不相应。且果欲构蜀,权何必以'恐诸葛孔明不知吾所以与曹氏通意'之语语温?温到蜀后,又何敢为称美蜀政之辞?是可知宋本'蜀'字实讹,而写本'丕'字为正,诚可谓一字千金矣。"[①]

　　这个例子说明尽管有古本对校,还得用其他校勘法佐证。反过来说,理校法虽然有充足理由为依据,但如果能配合其他校勘法,那更能证成其结论。如:

　　(43)《楚辞·九辩》:"灭规矩而改凿。"

　　闻一多《楚辞校补》:"案'凿'当为'错',声之误也。古韵错在鱼部,凿在宵部。此本以错与上文固相叶,

---

①　张元济:《校史随笔》,第26页。

后人误改作凿，以与下文教、乐、高叶，则固字孤立无韵矣。《离骚》曰：'固时俗之工巧兮，偭规矩而改错。'《七谏·谬谏》曰：'固时俗之工巧兮，灭规矩而改错。'本篇上文曰：'何时俗之工巧兮，背绳墨而改错。'语意俱与此同，而字皆作'错'。《文选·思玄赋》注引此文作'错'，尤其确证。"①

这个例子，先从叶韵的理由，说明"凿"为"错"字之误，这是理校法；同时又用本校、他校等法，证成他的结论。又如：

(44)《三国志·魏书·乌桓传》注引《魏书》："父兄死，妻后母执嫂。"（第83页）

吴金华《〈三国志〉解诂》："按：'执'字无义，当为'报'字之讹。《左传·宣公三年》：'文公报郑子妃。'杜预注：'汉律，淫季父之妻曰报。'此其义。报、执二字，隶书形近。《史记·建元以来王子侯者年表》：'四年，今侯执德元年。'《汉书·王子侯表上》作：'元狩四年，原侯报德嗣。'此为二字相讹之例。《后汉纪·孝明纪上卷》：'羌之先，三苗之裔也……出十二世，相与婚姻，妻后母报婢，无鳏男寡妇，故种类繁息。'又《后汉书·乌桓传》：'其俗妻后母，

<hr>

① 《闻一多全集》第二册，第447页。

报寡嫂.' 皆用'报'字。此其证。"①

这个例子，先以训诂说明"报"的意义，又说明"报"、"执"两字易讹。这是理校。后又举《后汉纪》、《后汉书》，这是他校。两个方法一结合，结论可信无疑。

这里再举一个例子，说明对校与理校必须结合运用，才能发挥更大的作用。

（45）《水经注·渭水下》："渭水又东迳鸿门北，旧大道北下坂下坂〔口〕名也。古有鸿宁（按：当作亭）。……《郡国志》曰：'新丰县东，有鸿门亭者也。'郭缘生或云：'霸城南门，曰鸿门也。……按：《汉书》注：鸿门在新丰东十七里，则霸上应百里。按：《史记》项伯夜驰告张良，良与俱见高祖，仍使〔便〕夜返，考其道里，不容得尔。今父老传在霸城南门数十里，于理为得。'按：缘生此记，虽历览《史》、《汉》，述行涂迳凡〔见〕，可谓学而不思矣。今新丰县故城东三里，有坂长二里余，堑原通道，南北洞开，有同门状〔汰〕，谓之鸿门，孟康言在新城〔丰〕东十七里，无之，盖指县治而言，非谓地〔城〕也。自新丰故城西至霸城五十里，霸城西十里则霸水，西二十里则长

---

①　吴金华：《〈三国志〉解诂》，《南京师院学报》1981 年第 3 期。

安城。应劭曰：霸水上地名，在长安东二十里，即霸城是
也。高祖旧停军处，东去新丰既远〔近〕，何由〔恶〕项伯
夜与张良共见高祖乎？推此言之，知缘生此记乖矣。"

　　王国维《水经注校》："'东去新丰既远，何由项伯
夜与张良共见高祖乎？'宋刻本、永乐大典本、明抄本作
'既近'、'何恶'。"王氏谓应据宋刻本改。[①] 王氏《宋刊
水经注残本跋》云："案郭（缘生）郦二氏相歧之点，郭氏
谓如孟康《汉书》注，则鸿门距霸上百里，项伯无由夜见
张良，仍以夜返。故主霸城南门为鸿门之说。郦氏谓新丰
故城距霸上仅五十里，不碍一夕中往返，故至故城东三里
坂口为鸿门之说。若如今本，则郦说殆不可通矣。"又云：
"然非宋本'近'、'恶'二字不讹，何由知郦氏之论旨乎？
诸本中，惟大典本、明抄本与宋本同。戴氏（东原）虽见
大典本，而亦从讹本，盖未深思郦氏之说也。"[②]

　　按王氏在这段话里，说明了三点：一、郦道元与郭缘生两
人在鸿门的地点上有分歧。郦氏认为郭氏计算路程有错误，新丰
之鸿门到霸上相距五十余里，不碍一夕往返。二、今本作："东
去新丰既远，何由项伯与张良共见高祖乎？"此语与郦氏之意相

---

① 　王国维校，袁英光、刘寅生整理标点：《水经注校》，上海人民出版社 1984 年版，
　　第 623—624 页。
② 　王国维：《观堂集林》，中华书局 1959 年版，第 565、566 页。

矛盾，所以应据宋刊本将"远"改成"近"，"由"改成"恶"，上下文才能通顺。三、戴东原曾看到大典本（大典本同宋刻本），可是没有依大典本校改，而仍从误本，因为没有理解郦氏之意，就不会发现前后文的矛盾。但我们如果没有宋刻本、大典本、明抄本，也可能不会发现和改正今本之讹。也就是说，有了善本对校，还要靠正确理校来判断是非；但只凭理校，而没有善本作证，也不能达到信而有征的要求；所以对校与正确的理校二者必须配合运用。

从以上所举的例子，充分说明要判断各种异本的孰是孰非，是一项非常复杂的工作，既要有立，又要有破，所以决非依靠一种校勘方法就能解决问题的。这里再举一例：

　　（46）《尔雅·释诂上》："台、朕、赉、畀、卜、阳，予也。"郭璞注："赉、卜、畀，皆赐与也。与犹予也。因通其名耳。《鲁诗》云：'阳如之何。'今巴濮之人自呼阿阳。"　按依郭说，则赉、卜、畀三字训赐与；台、朕、阳三字训予我。

陈玉澍《尔雅释例》卷二"训同义异例"（即王引之《经义述闻·尔雅上》中所说的"二义同条例"）云："台、朕训予，予者我也；赉、畀、卜、阳训予，予者与也。'阳'者'锡'字之讹也。"陈氏举了四点，论证"阳"为"锡"之误：一、陆德明《经典释文》："阳音赐，又如字；本或作赐。"阳字不得有赐音，《释文》原文当为："锡，音赐，又如字。"则陆氏所见本与郭氏所见本不同。郭氏所见本作"阳"，陆氏所见有两本，一本作"锡"，一本作"赐"。锡通作赐，其例在经传中不胜枚举。二、《书·尧典》"师锡帝曰"伪孔传："师，众。锡，与也。"孔颖达疏："师，众。锡，与。《释诂》文。"孔颖达所见《释诂》"锡，与"，即陆氏之"锡，予"。与、予通。《书·洪范》、《左传·襄二年》孔疏："畀，与。《释诂》文。"《诗·周颂·丰年》孔疏引《释诂》作"畀，予"。可见孔氏对"予"、"与"两字每不甚分别。孔颖达所见《尔雅》本与陆氏同，均作"锡"，不作"阳"。三、郭氏所见本作"阳"，又曲为解说，引《鲁诗》"阳如之何"，及巴濮方言为证，均不可信。《鲁诗》"阳如之何"，即《毛诗·陈风·泽陂》"伤如之何"。原本《玉篇》阜部引《韩诗》"阳如之何"，"阳，伤也"。是《鲁诗》之阳，亦不训我予。至于巴濮方言"阿阳"，则《尔雅》释经，不释夷言，不得以此为据。四、"阳（锡）"在"赉、畀、卜"之下，不与训我之"台、朕"连文，其字必为训赐予之"锡"，不能为训予我之"阳"。按第一点，据《经典释文》校记，有古本作"锡"。此为采用对校法。第二点，据孔疏引《尔雅·释诂》文，作"锡"，助证陆氏所见之本。此为采用他校法。第三、第四两点，据推理说明郭本之非。前两点是立，后两点是破。有破有立，陈氏这条校勘非常周密，是可以成立的。①

　　其实本章上边分述四种校勘法时所举的例子，也并不都是单纯用一种方法。如例（19），《逸周书·柔武》"靡适无□"，王念孙根据《允文篇》也有"靡适不下"，所以肯定阙字是"下"字。这是本校法。但他还举了两个理由：一、"靡适（敌）无下"，与上文"以德为本"意思相承。二、"下"字与"序"、"苦"、"鼓"、"武"、"下"为韵。这是理校法。所以这个例子实际是本校与理校结合的例子。

　　又如例（30），《诗·周南·汉广》"南有乔木，不可休息"，孔颖达认为应作"不可休思"。举了两点理由：一、毛传先解"思，辞"，然后始言汉上，可见毛所见本为"休思"。二、诗用韵均在助词之上，休、求为韵。这两点是理校法。阮元《校勘记》引释文："本或作休思。"则又加上对校法了。

　　又如例（26），《楚辞·九辩》"惆怅兮而私自怜"，闻一多认为"而"衍文。先从语法论证"兮"字兼具"而"字作用，不宜复用；后以几处旧注引文无"而"字为证。这是他校兼理校的例子。

　　总之，综合校勘法可以补各种校勘法之不足，而集各种校勘法之长，所以它是比较完美的常用的校勘法。

---

① 　陈玉澍撰：《尔雅释例》，南京高等师范学校排印本，卷二，第1页。

第六节 校勘处理方式

校书者经过校勘之后，怎样处理校勘的成果，也有各种不同的方式。归纳起来可分为三类：

一 定本式

根据校勘的结果，把底本的误字、衍文、脱文、倒置以及篇章等错误，改正过来，成为一本定本，在注中作校记。定本式也有几种不同的情况。

有的校注者认为底本确凿错误的地方，全部改正过来。例如：杨伯峻《春秋左传注》，据该书《凡例》说，经传都以阮元刻的《十三经注疏》本为底本，利用阮氏《校勘记》，改正一部分错误，再取《校勘记》所未见者补校，如敦煌各种残卷等。凡改正底本者，多于注中作校记。其文字有重要不同，虽不改动底本，亦注出，以供参考。陈奇猷《韩非子集释》、王利器《颜氏家训集解》都属于这一种情况。

有的改正底本的一部分错误，其已改及未改者均在注中作校记。如：孙诒让《墨子间诂》就属于这一类。孙氏在《墨子间诂·自序》中说："凡讹脱之文，旧校精确者，径据补正，以资省览。其以愚意订定者，则著其说于注，不敢专辄增改，以昭详慎。"孙氏将前人校勘精确的，改正底本；他自己校勘的，不改底本，只在注中出校记。王先谦的《荀子集解》也属于这一种。

另一种定本式是正文全用底本，再用符号改成定本，在注中或书后作校记。

闻一多《庄子内篇校释》为定本式，于底本改动之处，均加上符号，在注中作校记。其自立条例云："本篇所举《庄子》原文，据郭庆藩《庄子集释》本。凡经校正之字句，悉加标识。其例如下：（一）误文改正者；（二）倒文乙转者；（三）脱文补足者，皆在字旁加'·'；（四）衍文删去者在空格内加'○'。"[①]

中华校点本《史记》也是定本式，它以清同治间金陵书局刊行的《史记集解索隐正义合刻本》（简称金陵局本）为底本。这个本子是经张文虎校定改正的，校勘相当精审，是清代后期的善本，张氏另有一个《札记》。但金陵局本也有在《札记》中说"疑脱某字"、"疑应作某"而未加改正的。校点本为了便利读者起见，认为张氏所疑是正确的就照改，但应删、应改的字还保存，只加上圆括弧，用小一号字排；认为应增、改正的字，加上个方括弧。如：

（47）《高祖本纪》："与杠里秦军夹壁，破（魏）〔秦〕二军。" "魏"误字，应改作"秦"。

---

① 《闻一多全集》第二册，第235页。

（48）《楚世家》："于是灵王使（弃）疾杀之。"　"弃"衍文，应删。

（49）《陈丞相世家》："平为人长〔大〕美色。"　"大"脱文，应补。[①]

校点本《史记》完全采用张文虎的校订，所以不再附校记，而将张文虎的《札记》另刊发行。标点本二十四史都采用这种符号，并多数后附校记。

二　底本式

不改动底本，在注中作校记，或书后附校勘记。如：

中华版标点本《资治通鉴》，以清胡克家翻刻的元刊胡注本为底本，把章钰的《胡刻通鉴正文校刊记》里的重要校记收入本书作注文；不改正原文，只有比较重要的遗漏才把它补入正文。这是属于底本式。

朱谦之《老子校释》以唐景龙碑本为底本，以敦煌本、遂州本、旧钞卷子本等互相参校，并加考订。但不改动底本，于注中出校记。

在本章第一节对校法中，提到阮元《十三经注疏》亦为底

---

① 《史记》第十册《点校后记》。

本式，但《十三经注疏》则于底本与其他各本有异文的字旁加▲符号。凡有符号的，后边都有校记说明。

这个办法比较好，便于读者检索。

三　札记式

这一类是不录原书全文，只录校记。其中有的是专记校勘的，如卢文弨《群书拾补》、张元济《校史随笔》等。其专校一书者，如闻一多《楚辞校补》。

有的训诂与校勘合在一书，如王念孙《读书杂志》，王引之《经义述闻》，俞樾《群经平议》、《诸子平议》等。其专校释一书者，如郭沫若《管子集校》等。

上述三种方式，各有所长。定本式适用于普及本，便于读者阅读；底本式保存原本面目，供学者考核原委；札记式则为略去书之全文，节省篇幅，其功能与底本式相似。

这里附带谈一谈所谓死校法和活校法的问题。这个说法最早见于叶德辉《藏书十约·校勘七》。他说："书不校勘，不如不读。……今试言其法：曰死校，曰活校。死校者，据此本以校彼本，一行几字，钩乙如其书，一点一画，照录而不改，虽有误字，必存原文，顾千里广圻、黄荛圃丕烈所刻之书是也。活校者，以群书所引，改其误字，补其阙文。又或错举他刻，择善而从，别为丛书，板归一式，卢抱经文弨、孙渊如星衍所刻之书是也。"① 死校指校后只记诸本异同，不判断是非。活校指记诸本异同，判断是非，并改正底本。叶氏举黄荛圃、顾千里为死校，实在是不确切的，他们在校记中也断是非，只是不改动底本而已。其实死校虽仅罗列诸本异同，不加判断，但它为活校者提供资料，作了校勘的第一步工作，也是同样有贡献的。

---

① 《郋园全书》第二十四册，观古堂刊本，第 9—10 页。

第六章　校勘学简史及重要著作

　　校勘这件事应该是很早就有的，人们开始有典籍，就相应有校勘。因为文字传抄常常产生错误，重要的文书有了错误，就得校正。先秦以前，提到校勘的事不少，如上边说到的子夏校正"三豕涉河"的事，又如《春秋·昭十二年》："春，齐高偃帅师纳北燕伯于阳。"《公羊传》："伯于阳者何？公子阳生也。子曰：'我乃知之矣。'"何休解诂："子，谓孔子，乃，乃是岁也。时孔子年二十三，具知其事，后作《春秋》，案《史记》，知'公'误为'伯'，'子'误为'于'，'阳'在，'生'刊灭阙。"[①]这一条说明《春秋经》有误字、缺字，孔子知道应校正为"纳北燕公子阳生"。至于孔子为什么不遂即改正《春秋经》之误呢？据《公羊传》说是为了慎重，让后人懂得不能妄改古书。

　　有校勘这件事，不等于有校勘学。称为"学"，就得对某项学问划定一个明确范围和一定的内容，制定一定的程式方法，成

---

① 阮元校刻：《十三经注疏》，第 2320 页。

为有系统的知识或理论。根据这个标准，校勘学的开创应在西汉时期。

　　下边分四个时期，简单叙述校勘学的发展历史，并结合介绍一些有关校勘学的重要著作。

第一节　校勘学开创时期

一　校勘学的奠基人刘向、刘歆

　　秦始皇焚书，典籍遭到一次厄运。汉兴，惠帝时除挟书律，大收篇籍，广开献书之路。武帝时建立藏书目录，设置抄写书籍的专职。汉成帝时使陈农再向民间求遗书；又命刘向（前77—前6）校经传、诸子、诗赋，任宏校兵书，尹咸校数术，李柱国校方技，由刘向总其成。每种书搜集了各种本子，其中有公家的书，藏在宫中的，所谓"中书"，藏在各官府的，如"太常书"、"太史书"等；也有私家藏书，如所谓"臣向书"、"臣某书"等。从各种本子，校出异文，删去重复，先写在竹简上，刊定以后，然后把定本写在帛上。在每种书校毕，刘向就本书所用的校本、校勘过程、本书的篇目内容等写一篇"书录"，奏上。刘向前后校书二十余年，死后，汉哀帝复命刘向的儿子刘歆（?—23）继承父业。刘歆又总结了当时的全部校勘工作，写成两部书。一部是《七略》，其中包括《辑略》、《六艺略》、《诸子略》、《诗赋略》、《兵书略》、《术数略》、《方技略》。另一部是《别录》，即把校过的每种书的"书录"集在一起。

　　据《隋书·经籍志》著录，《七略》、《别录》原书为二十卷。这两部书在唐时还在，到宋代已失传。清人有几家从各种书中辑其佚文，其中以姚振宗所辑《别录七略佚文》七卷，最佳。但所辑的也仅原书的一小部分而已。好在《七略》一书，可以从班固《汉书·艺文志》见其概略。《汉书·艺文志》云："歆于是总群书而奏其《七略》……今删其要，以备篇籍。"颜师古注："删去浮冗，取其指要也。"《汉书·艺文志》所列的各家和书名，与《七略》所载，差别不大。《艺文志》在篇末总结说："大凡书六略，三十八种，五百九十六家，万三千二百六十九卷。"这是《艺文志》的总数。据颜师古注："入三家，五十篇，省兵十家。"[1] 是说《艺文志》增加了三家，五十篇；删去兵家十家。这增加的三家是刘向、扬雄、杜林的著作。王充《论衡·书案篇》云："六略之录万三千篇。"可见《艺文志》与《七略》所载大致相近，但《七略》中原有《辑略》，而《艺文志》只有六略，缺《辑略》。刘歆《辑略》的内容，现在无法知道。据颜师古注云："辑与集同，谓诸书之总要。"那么《辑略》是《七略》全书的总叙。班固《艺文志》把它分散在六略之后，则《辑略》也是名亡

---

① 　王先谦撰：《汉书补注》，第906页。

而实存。

《别录》是所校之书的"书录"的总集，每校一书，写一篇"书录"，则其篇数必然很多，但今辑得全篇完整的仅有八篇。计有《战国策书录》、《管子书录》、《晏子书录》、《列子书录》、《邓析子书录》、《孙卿书书录》、《韩非子书录》、《山海经书录》。今录《晏子书录》为例：

晏子书录

晏子八篇

内篇谏上第一，凡二十五章。

内篇谏下第二，凡二十五章。

内篇问上第三，凡三十章。

内篇问下第四，凡三十章。

内篇杂上第五，凡三十章。

内篇杂下第六，凡三十章。

外篇重而异者第七，凡二十七章。

外篇不合经术者第八，凡十八章。

右《晏子》凡内外八篇，总二百十五章。护左都水使者、光禄大夫臣向言：所校中书《晏子》十一篇，臣向谨与长社尉臣参校雠太史书五篇，臣向书一篇，臣参书十三篇，凡中外书三十篇，为八百三十八章。除复重二十二篇，六百三十八章，定著八篇二百一十五章。外书无有三十六章，中书无有七十一章，中外皆有以相定。中书以"天"为"芳"，"又"为"备"，"先"为"牛"，"章"为"长"，如此类者多。谨颇略樯，皆已定以杀青，书可缮写。

晏子，名婴，谥平仲。莱人。莱者，今东莱地也。晏子博闻强记，通于古今，事齐灵公、庄公、景公。以节俭力行，尽忠极谏道齐，国君得以正行，百姓得以附亲。不用则退耕于野，用则必不诎义，不可胁以邪。白刃虽交胸，终不受崔杼之劫。谏齐君悬而至，顺而刻，及使诸侯，莫能诎其辞。其博通如此，盖次管仲。内能亲亲，外能厚贤。居相国之位，受万钟之禄，故亲戚待其禄而衣食五百余家，处士待而举火者亦甚众。晏子衣苴布之衣，麋鹿之裘，驾敝车疲马，尽以禄给亲戚朋友，齐人以此重之。晏子盖短。其书六篇，皆忠谏其君，文章可观，义理可法，皆合六经之义。又有复重，文辞颇异，不敢遗失，复列以为一篇；又有颇不合经术，似非晏子言，疑后世辨士所为者，故亦不敢失，复以为一篇，凡八篇。其六篇可常置旁，御观。谨第录，臣向昧死上。[1]

根据现有的资料，刘向父子在校书中，主要做了三方面的工作，为我们校勘学奠定了基础。

---

[1] 姚振宗辑录：《别录佚文》。

（一）校勘篇章

先广泛征集每种书的公家和私人的本子，校核篇目，删去重复的篇章，确定保存篇目和篇目次第。有的书各本不仅篇目不同，书名也不统一，则定书名。如《战国策书录》云："中书本号或曰国策，或曰国事，或曰短长，或曰事语，或曰长书，或曰修书。臣向以为战国时游士辅所用之国，为之策谋，宜为《战国策》。"所以，《战国策》这个书名，不是原来的书名，是刘向定的书名。

（二）校勘文字

校勘字句错误，这是校书工作中一项最重要的工作。刘向在《书录》里，都提到文字校勘，如上引《晏子书录》。又如《列子书录》："或字误，以'尽'为'进'，以'贤'为'形'。如此者众。"《汉书·艺文志》里也引刘向校勘字句的情况，如在《尚书》一节里说："刘向以中古文校欧阳、大小夏侯三家经文，《酒诰》脱简一，《召诰》脱简二。率简二十五字者，脱亦二十五字；简二十二字者，脱亦二十二字。文字异者七百有余，脱字数十。"①

（三）编列目录

刘氏把所校的书分为六个部分，即所谓六略，每部分又分若干种，又分若干家，每种又说明若干卷。在《七略》和《别

---

① 王先谦撰：《汉书补注》，第 869 页。

录》中都叙述了各家的学术源流，说明书的要旨。有的还说明疑似之处，考订真伪，如上引《晏子书录》中以为第八篇"似非晏子言，疑后世辩士所为者"。

刘向父子主持的这次校书，可以说是我国历史上空前的一次最大规模的整理古籍工作。史书上说，孔子曾删定六经，而刘氏所校的是包括当时所有的典籍，在万卷以上。刘氏父子的古书校订，对我国学术的发展作出了很大贡献，使极大部分的图书有了一个定本，同时开创了一个校勘学的体系。我们说刘向、刘歆是校勘学的奠基人，这确是当之无愧的。

二　郑玄校勘群经

经学的今文、古文之争，从西汉一直到东汉，其间有二百余年。同一部经，各家有各家的本子，有各家的解释。这样既不利于学者的学习，又阻碍了学术的发展。到东汉后期，从当时的趋势出发，要求各经都有一本不分今古文的有权威性的定本。郑玄（127—200）通过对今古文各种本子的校勘，作出注释，确定了几种经的定本。这样就使校勘学与训诂学一样，为经学服务，成为经学的主要附庸。

郑玄是东汉最渊博的经学大师，他开始学今文，后来学古文，所以在校勘、训诂诸经时，能兼采今古文而折衷求是。他注的书，有《周易》、《尚书》、《毛诗》、《仪礼》、《周礼》、《礼记》、《论语》、《孝经》等，并曾注释过纬书和秦汉的律书。现在保存完整的，有《毛诗笺》、《三礼》注。这四部书，至今仍以郑注本为定本。

郑玄校勘群经，广罗异本，凡底本有误脱即改正底本，注中作校记。底本不误，而别本有异文者，亦出校记。也有底本误，注中出校记，而不改正底本的。现举郑玄校勘《三礼》数例：

《仪礼》十七篇，先有今文，出于高堂生所授；后于鲁淹中及孔氏壁中均出《仪礼》，为古文。郑氏兼采今古文，凡郑氏认为今文对的，则经文用今文，而注中说古文作某；凡认为古文对的，则经文用古文，而注中说明今文作某。如：

（1）《仪礼·士冠礼》："对曰：'某敢不夙兴。'"郑玄注："今文无'对'。"

（2）《仪礼·士冠礼·记》："冠而字之，敬其名也。"郑玄注："今文无'之'。"

（3）《仪礼·士昏礼》："赞尔黍。"郑玄注："古文黍作稷。"

（4）《仪礼·士昏礼》："于是与始饭之错。"郑玄注："古文始为姑。"①

---

① 　胡培翚：《仪礼正义》，例（1），卷二，第74页；例（2），卷二，第83页；例（3），卷三，第24页；例（4），卷三，第31页。

《周礼》是属于古文之学，无今文。但也有旧本和今本的不同。据贾公彦《周礼·太宰职》疏云："郑注《周礼》时有数本，刘向未校之前，或在山岩石室有古文；校后为今文。"郑玄注《周礼》，以今本为底本，校以旧本，称旧本曰故书，亦有称古文的，称今本曰今书。凡故书不同于今书者，在注中均云"故书作某"。也有注中云"某当为某"，而不改经文者。如：

（5）《周礼·天官·九嫔》："凡祭祀赞玉盉。"郑玄注："故书玉为王。杜子春读为玉。"

（6）《周礼·天官·庖人》："宾客之禽献。"郑玄注："献，古文为兽。杜子春云：'当为献。'"　按此"古文"即"故书"。全书只有在《庖人》及《考工记·栗氏》两处称古文，其余均称故书。

（7）《周礼·天官·疡医》："以五气养之。"郑玄注："五气当为五谷，字之误也。"

（8）《周礼·天官·腊人》："凡祭祀供豆脯。"郑玄注："脯非豆实，当为羞，声之误也。"①

按（7）、（8）例均未改正经文。或郑氏以为今书及故书均误，但无本可据，故仅在注中说明，不迳改经文，以示慎重。

---

① 孙诒让：《周礼正义》，例（5），卷十四，第9页；例（6），卷七，第16页；例（7），卷九，第11页；例（8），卷八，第21页。

郑玄在校勘中，亦有校正错简者，这较之校正一字一句关系尤大。如：

（9）《礼记·乐记》："爱者，宜歌《商》。温良而能断者，宜歌《齐》。夫歌者，直己而陈德也，动己而天地应焉，四时和焉，星辰理焉，万物育焉。故《商》者，五帝之遗声也。宽而静，柔而正者，宜歌《颂》。广大而静，疏达而信者，宜歌《大雅》。恭俭而好礼者，宜歌《小雅》。正直而静，廉而谦者，宜歌《风》。肆直而慈爱。"郑玄注："此文换简失其次。'宽而静……'宜在上。'爱者，宜歌《商》……'宜承此下行读云：'肆直而慈爱者，宜歌《商》……。'"　按今衍一爱字。

又《乐记》（接上文）："商之遗声也，商人识之，故谓之《商》。《齐》者，三代之遗声也，齐人识之，故谓之《齐》。"郑玄注："'商之遗声也'衍字也，又误。上所云'故《商》者，五帝之遗声也'，当居此衍字处也。"①

按照郑玄校正，则原文应为："宽而静，柔而正者，宜歌《颂》。广大而静，疏达而信者，宜歌《大雅》。恭俭而好礼，宜歌《小雅》。正直而静，廉而谦者，宜歌《风》。肆直而慈爱者，宜歌《商》。温良而能断者，宜歌《齐》。

---

① 阮元校刻：《十三经注疏》，第 1545 页。

夫歌者，直己而陈德也，动己而天地应焉，四时和焉，星辰理焉，万物育焉。故《商》者，五帝之遗声也，商人识之，故谓之《商》。《齐》者，三代之遗声也，齐人识之，故谓之《齐》。"

此段文字，原以错简太甚，不可读。经郑氏校正，文从字顺，意思亦极明显。但郑氏未迳改原文，仅详于注中。按《史记·乐书》亦有此段文字，不误，与郑氏校正后全同。则司马迁所见《乐记》尚未错简。

郑氏的校勘，同他的训诂一样，为后来治校勘者所推崇。段玉裁《经义杂记序》云："校书何放乎？放于孔子、子夏。自孔、卜而后，汉成帝时，刘向、任宏、尹咸、李柱国各显所能，奏上。向卒，歆终其业，于是有雠、有校，有竹、有素，盖綦详焉。而千古大业，未有盛于郑康成氏者也。……郑君之学，不主于墨守，而主于兼综；不主于兼综，而主于独断。其于经字之当定者，必相其文义之离合，审其音韵之远近，以定众说之是非，而以己说为之补正。"① 这是对郑氏校勘之业非常正确的评价。

---

① 段玉裁：《经韵楼集》，卷八，第5页。

三　高诱校释《淮南子》等书

略后于郑玄，有高诱。高诱，东汉末年建安时人（生卒年不详），卢植的弟子。著有《淮南子注》、《吕氏春秋注》、《战国策注》，这三部书现在都保存着。另有《孟子章句》、《孝经解》已亡佚。高诱注以训释为主，但也作一些校勘。一般是引用一些别本作对校。校语常云"一作某"、"或作某"，不作断语。这里举《淮南子注》若干例：

（10）《淮南子·原道》："昔者冯夷大丙之御也。"高诱注："夷或作迟。丙或作白。"

（11）《淮南子·天文》："清妙之合专易，重浊之凝竭难。"高诱注："专一作抟。"

（12）《淮南子·天文》："戊子干丙子，霆；庚子干丙子，夷。"高诱注："夷或作电。"

（13）《淮南子·氾论》："令有重罪者，出犀甲一戟。"高诱注："犀或作三，直出三甲也。"

（14）《淮南子·精神》："尝试为之击建鼓，撞巨钟，乃性（始）仍仍然。"高诱注："仍仍或作聆聆，忧闻也。"

（15）《淮南子·主术》："故假舆马者，足不劳而致千里。"高诱注:"假或作驾。"①

　　高诱注中的校勘虽比较简单,但他引用了一些较早的别本,也有参考价值。东汉以前为经书以外的古籍作注者不多,许慎曾为《淮南子》作注,今佚。高诱能超出经书的范围,为其他古籍作校注,这也是校勘学史上一个新的发展。

第二节　校勘学发展时期

　　从魏晋至明末,这一千四百余年间,校勘学随着整个民族文化的发展而不断地发展着。这个时期的校勘,不再是专为经学服务,看作经学的附庸。校勘对象扩大,内容更充实,校勘的方法也有所提高。这里举几位有代表性的校勘家及其重要著作。

一　陆德明《经典释文》

　　陆德明,字元朗,吴人。生于梁大同十年(544),卒于唐贞观初。据前人考证,《经典释文》创于陈,其成书亦在入隋以

---

① 《淮南子》,中华书局1954年版,例(10),第2页;例(11),第35页;例(12),第43页;例(13),第229页;例(14),第108页;例(15),第104页。

前。《经典释文》三十卷，是校释《周易》、《尚书》、《毛诗》、《周礼》、《仪礼》、《礼记》、《左传》、《公羊传》、《穀梁传》、《孝经》、《论语》、《老子》、《庄子》、《尔雅》十四部书的。这里除了经以外，还有《老子》、《庄子》。全书共搜集了二百三十余种不同本子作校释。他的校释包括三个方面：注音、释义、校勘。其中引用各本的注音以及字句校勘，这两方面的分量比较多，释义比较少。

该书校勘的方法是选择一个底本，然后引各本异文，有的断定是非，有的只存异文，不作断语。除校勘文字外，也校正句读。所引的别本都是汉魏六朝的本子，现在极大部分已经散佚。所以这是一部在校勘学上资料十分丰富的宝贵著作。如上文提到的《诗·陈风·墓门》："歌以讯之。"《释文》云："本又作谇。"这与阜阳新出土的竹简《诗经》合。下面集中举该书《论语》校勘的一些例子。

该书校释《论语》用魏何晏《论语集解》为底本，并用郑玄注、王肃注、虞翻注等二十种本子参校。举例如下：

（16）《释文》："《学而》'患不知也'，本或作'患己不知人也'，俗本妄加字，今本'患不知人也'。"

阮元《校勘记》："据《释文》知古本作'患不知也'，盖与《里仁》'不患莫己知，求为可知也'，《先进》'居则曰，不吾知也，如或知尔，则何以哉'，语意同。今邢疏及

《集注》本皆作'患不知人也'，'人'字亦浅人所加。"

（17）《释文》："《为政》'先生馔'，郑（玄）作馂，音俊，食余曰馂。"

阮元《校勘记》："案马（融）注'馔，饮食也'。是马本作馔，盖作馔者《古论》，作馂者《鲁论》也。"

（18）《释文》："《子路》'直躬'，孔（安国）云'躬，身也'。郑（玄）本作弓，云直人名弓。"

阮元《校勘记》："案《吕氏春秋·当务篇》引孔子云：'异哉直躬之为信也。'《淮南·氾论训》：'直躬其父攘羊，而子证之。'高诱注：'直躬，楚叶县人也。'盖字虽作'躬'，亦俱不解为直身。"①

（19）《释文》："《八佾》：'君子无所争，必也射乎。'郑（玄）读以'必也'绝句。"

（20）《释文》："《公冶长》：'由也好勇过我，无所取材。'（我）绝句，一读'过'字绝句。"

（21）《释文》："《公冶长》'吾党之小子狂简'，绝句。郑（玄）读至'小子'绝句。"②

---

① 阮元校刻：《十三经注疏》，例（16），第2461页；例（17），第2464页；例（18），第2509页。

② 陆德明：《经典释文》卷二四，例（16），第2页；例（17），第2页；例（18），第15页；例（19），第3页；例（20），第5页；例（21），第6页。

以上诸例中，陆氏《释文》的内容很广泛，有引各本的异文的，有引各本不同的释义的，有引各本之注音的，有引各本不同的句读的。陆氏在《经典释文》卷首《条例》中云："余既撰音，须定纰谬。若两本俱用，二理兼通，今并出之，以明同异。其泾渭相乱，朱紫可分，亦悉书之，随加刊正。复有他经别本，词义乖而又存之者，示博异闻耳。"[①]陆氏主张，能定是非则定之，不能定则并存，这种态度是非常正确的。

二　颜师古《汉书注》、《匡谬正俗》

颜师古，雍州万年人，生于隋开皇元年（581），卒于唐贞观十九年（645）。他是《颜氏家训》作者颜之推的孙子，受家学很深。他参加唐初的五经考定工作，其说多为孔颖达《五经正义》引用。著《汉书注》一百二十卷，这是一部大著作。其中有史实考证、词语训诂，又大量涉及校勘。在他的《序例》中也提到特别重视校勘。他说："《汉书》旧文，多有古字。解说之后，屡经迁易。后人习读，以意刊改。传写既多，弥更浅俗。今则曲核古本，归其真正。"颜氏在全书中，校勘之例举不胜举。这里录《高祖纪》数则于下：

---

① 陆德明：《经典释文》，卷一，第4页。

（22）《汉书·高祖纪》："老父曰：乡者，夫人、儿子皆以君。"

如淳曰："言并得君之贵相也。'以'或作'似'。"师古曰："如说非也。言夫人及儿子以君之故，因得贵耳。不当作'似'也。"　按《汉纪》作"夫人、儿子蒙君之力也"，与颜说合。

（23）又，"以妪为不诚，欲苦之"。

苏林曰："欲困苦辱之。"师古曰："今书苦字或作笞。笞，击也。"　按《史记·高祖本纪》作"笞"。

（24）又，"上破布军于会缶"。

苏林云："缶音垒。"师古曰："会，音工外反。缶，音丈瑞反。苏音是也。此字本作垒，而转写者误为缶字耳。音保非也。《黥布传》则正作垒字，此足明其不作缶也。"

（25）又，"吾以布衣提三尺取天下，此非天命乎？"

师古曰："三尺，剑也。下《韩安国传》所云三尺亦同。而流俗书本或云'提三尺剑'，剑字后人所加耳。"①　按《汉纪》、《通鉴》俱无剑字。

王先谦《前汉补注·序例》云："颜注发明驳正，度越曩哲，非仰人鼻息者也。"这对颜氏的评价是正确的。

---

① 王先谦撰：《汉书补注》，例（22），第29页；例（23），第30页；例（24），第56页；例（25），第57页。

颜氏为了纠正当时解释经史的谬误及版本文字的错误，著《匡谬正俗》一书，其中论及校勘者甚多。兹举一则为例：

（26）《匡谬正俗》五"逡遁"条："贾谊《过秦论》云：'尝以十倍之地，百万之众，仰关而攻秦。秦人开关而延敌，九国之师，逡遁而不敢进。秦无亡矢遗镞之费，而天下已困矣。'遁者，盖取盾之声，以为巡字，当音详遵反。此言九国地广兵强，相率西向，仰形胜之地，沂函谷之关，欲攻秦室。秦人恃其险固，无惧敌之心，不加距闭，开关而待。然九国畏慄，自度无功，迟疑不进，坐致败散耳。后之学者，既不知遁为巡字，遂改为遁逃，因就释云：九国初见秦闭关，谓其可胜，所以率兵来攻。忽见秦人开关，各怀恐惧，遂即奔走。故潘安仁《西征赋》云：'或开关而延敌，竟遁逃以奔窜。'斯为误矣。若见秦开关，遁逃而走，即应大被追蹑，覆军杀将，岂得但言不敢进而已乎？且书本好者，今犹为逡遁，不作遁逃也。"[1]

颜氏校释极是。今《史记·秦始皇本纪》作"逡巡遁逃"，《史记·陈涉世家》、《文选·过秦论》作"遁逃"，《汉书·陈涉项籍传》作"遁巡"，均不确，应作"逡循"，循、遁、巡三字通用。

---

① 颜师古：《匡谬正俗》，商务印书馆 1936 年影印《小学汇函》本，卷五，第44—45 页。

三　朱熹《昌黎先生集考异》

朱熹（1130—1200）是宋代的理学大家，他的《四书集注》、《诗集传》是明清两代家弦户诵的书。他深通训诂，也精于校勘，这里举所著《昌黎先生集考异》（亦名《韩文考异》）为例。

在朱熹前一些时候，宋方崧卿撰《韩集举正》。方氏根据搜集到的韩文刻石本、唐令狐藏写本等十余种珍贵版本互校，改正了一些误文，但也有误改之处。朱熹撰《昌黎先生集考异》，改正方氏《举正》中误校之处。他在《考异》的序中说明了他有关校勘的论点，非常精辟。他说：

（27）"悉考众本之同异，而一以文势义理及它书之可证验者决之。苟是矣，则虽民间近出小本不敢违；有所未安，则虽官本、古本、石本不敢信。又各详著其所以然者，以为《考异》十卷，庶几去取之未善者，览者得以参伍而笔削焉。"

下边举几个例子：

（28）《伯夷颂》："若至于举世非之，力行而不惑者，则千百年乃一人而已耳。若伯夷者，穷天地亘万世而不顾者也。"《考异》："方从杭粹及范文正公写本无'力行'二字，‘千’下有‘五’字。云：自周初至唐贞元末几二千年，公言千五百年，举其成也。〇今按：此篇自一家、一国，以至举世非之而不惑者，泛说有此三等人，而伯夷之穷天地亘万世而不顾，又别是上一等人，不可以此三者论也。前三等人皆非有所指名，故举世非之而不顾者，亦难以年数之实论其有无，而且以千百年言之，盖其大约如此耳。今方氏以伯夷当之，已失全篇之大指。至于计其年数，则又舍其几二千年全数之多，而反促就千五百年奇数之少，其误盖甚矣。方说不通文理，大率类此，不可不辨。”

（29）《争臣论》：“夫天授人以圣贤才能，岂使自有余而已，诚欲以补其不足者也。”《考异》：“方本‘以’下（‘补’上）有‘自’字，‘者’下无‘也’字。云：‘自者，指言天之所授也，义为长。’〇今按：韩公之意，乃言天生圣贤，非但使之自有余也，乃欲以补众之不足耳。故下文云云。方说非是。”

（30）《郓州溪堂诗并序》：“惟郓也截然中居，四邻望之。”《考异》：“闽杭蜀及诸本中居之下皆有此四字，方从石本删去。〇今按：文势及当时事实，皆当有此句，若其无之，则下文所谓‘恃以无恐’者为谁恃之邪？大凡为人作文，而身或在远，无由亲视摹刻，既有脱误，又以毁之重劳，遂不能改。若此者，盖亲见之，亦非独古为然也。方氏最信闽杭蜀本，虽有谬误，往往曲从，今此三本幸皆不误，而反为石本脱句所夺，甚可笑也。"[1]

朱氏先用对校、本校，然后用理校断是非。在理校中强调文势义理，在对校中不迷信古本、石本，这种实事求是的校勘态度，真是超越了一般校勘家。

四 彭叔夏《文苑英华辨证》

彭叔夏，南宋庐陵人，绍熙壬子（1192）乡举[2]，生卒年不详。《文苑英华》是一部文选总集，一千卷，成书于宋初（987）。这部书误字多，篇次混乱。南宋时，周必大奉命重校刻印，彭叔夏任校雠，嘉泰四年（1204）刻成。彭氏将校勘所得，另辑《文苑英华辨证》十卷。彭氏校勘宗旨，见于该书《自序》："实事是正，多闻阙疑。""书不可妄改。"全书不以《文苑英华》篇目为次，而以误例分类编列。这是开"校例"之端。后来王念孙《读书杂志》校《淮南子》六十二例，俞樾《古书疑义举例》（末三卷）以及陈垣《元典章校补释例》等，都是从彭氏《辨证》的体例发展而来的。

---

[1] 朱熹：《昌黎先生集考异》，上海古籍出版社1985年版，例（27），卷一，第1页；例（28），卷四，第144—145页；例（29），卷五，第164页；例（30），卷五，第159—160页。

[2] 见《四库全书总目提要》引《江西通志》。

《辨证》全书分二十大类：一、用字；二、用韵；三、事证；四、事误；五、事疑；六、人名；七、官爵；八、郡县；九、年月；十、名氏；十一、题目；十二、门类；十三、脱文；十四、同异；十五、离合；十六、避讳；十七、异域；十八、鸟兽；十九、草木；二十、杂录。每类之下，又分若干小类。今录"用字"类若干例：

（31）用字。（一）凡字有本之前人，不可移易者。

赵昂《攻玉赋》："匪瑕匪秽，宁有于吾欺。"《辨证》："秽一本作叛。按《春秋繁露》：'玉至清而不蔽其恶，内有瑕秽必见之于外，故君子不隐其短。'则秽字是。"

权德舆《李国贞碑》："人命将泛。"《辨证》："乃用《汉·食货志》：'大命将泛。'泛，方勇反，覆也。而《集》文作沈。此类当以《文苑》为正。"

用字。（二）凡字因疑承讹，当是正者。

李邕《日赋》："将闲谷兮永言，岂覆盆兮贻悔。"《辨证》："闲当作闇。《文选·曹植与吴质书》：'闇濛汜之谷。'"

吴融《沃焦山赋》："嘉穀蘬蘬，五获何利。"《辨证》："详上文言'幽并之墟'，按《管子》：'恒山有穀，四种五获。'据此则嘉穀当作嘉穀。"

用字。（三）凡字有两存，于义亦通者。

贾餗《穿杨叶赋》："谀诼不能以施力。"《辨证》："《庄子》本作喫诼，喫，口懈反。喫诼，多力也。"

李德裕《大孤山赋》："掩二山而磔竖。"《辨证》："据郭璞《江赋》：'虎牙嵥竖以屹崒。'而诸本并作傑。……此类并仍其旧，或注'一作'。"[1]

上"用字"类分三小目：一、不能据异本妄改；二、必须改正者；三、两存，不必改，出校记。这种做法即贯彻《自序》中所言之宗旨。彭氏校语不多，但均十分精审。清代校勘家顾广圻对此书评价极高，其《书文苑英华辨证后》云："此书乃校雠之模楷，岂独读《英华》者资其是正哉。"[2] 此言实非过誉。

五 刘绩《管子补注》

明代学风，在训诂校勘方面不很重视。顾炎武《日知录》"改书"条云："万历间人，多好改窜古书，人心之邪，风气之变，自此而始。"但也不能一概而论，明代学者，也有在训诂校勘上有一定贡献的。如明弘治间，有刘绩，字用熙，号芦泉，江

---

① 李昉等编：《文苑英华》，中华书局 1966 年版，第 5256、5257 页。
② 顾广圻：《思适斋集》，《春晖堂丛书》本，卷十五，第 10 页。

夏人。① 校注古书很多，现在保存下来的，有《管子补注》、《淮南子补注》。《管子补注》一书，收入《四库全书》。《总目提要》云："于旧解颇有匡正。"王念孙《读管子杂志序》云："自唐尹知章作注，已据讹误之本，强为解释，动辄抵牾。明刘氏绩颇有纠正，惜其古训未闲，雠校犹略。"刘氏校勘虽不能与清代校勘家相比，但是他在运用各种校勘方法上，却是比较全面而精审，有超越前人之处。下面举一些《管子补注》的例子。

《管子》有若干篇，既有正文，又有解说，如《牧民》有《牧民解》，《形势》有《形势解》等。刘氏《补注》中，经常用正文与解说互校，这是比较可靠的本校法。如：

（32）《管子·形势》："独王之国，劳而多祸。"《补注》："当依《解》作'独任之国'。" 按"任"字古通"壬"，壬与王形近而误。刘校是。

（33）《管子·心术下》："正形饰德，万物毕得。"《补注》："后《内业》作'正形摄德，天仁地义，则淫然而自至'。" 按此应作"摄"。《心术下》为《内业》之解文，已详第二章"篇章校勘"。刘氏用《内业》校《心术下》，也是最佳的本校法。

---

① 清代学者均以刘绩是明代人。据郭沫若考证是辽人，见《管子集校·叙录》。今仍从旧说。

《管子·小匡》等篇，与《国语·齐语》文句相类。又《通典》引《管子》文也甚多。用这些资料来校《管子》，是采用他校法。如：

（34）《管子·小匡》："以誓要于上下荐神。"《补注》："'荐'当依《齐语》作'庶'。" 按刘校是，下文"庶神不格"可证。庶神，犹言众神。

（35）《管子·国蓄》："先王以守财物，以御民事，而平天下也。"《补注》："《通典》（食货志）引此，'天下也'下有'是以命之曰衡。衡者使物一高一下，不得有调也'，《注》'若五谷与万物平，人无其利，故设为上中下之币而行轻重之术，使一高一下，乃可权制利门，悉归于上'。" 按刘氏引《通典》，补正文十九字，及尹知章注四十一字。

刘氏又经常运用前后文句类比，进行推理校勘。如：

（36）《管子·正》："令之以终其欲，明之毋径。遏之以绝其意，毋使民幸。"《补注》："'明之毋径'，当作'毋使民径'，字之误也。"王念孙《读书杂志》："刘说是也。'毋使民径'，与下'毋使民幸'，文同一例。"

（37）《管子·侈靡》："略近臣合于其远者立。亡国之起，毁国之族，则兵远而不畏。"《补注》："此文当作'事立而坏'。" 　按依刘说，全句当作"略近臣合于远者，事立而坏。亡国之起（纪），毁国之族，则兵远而不畏"。刘说是。上文有"事立而坏何也？兵远而不畏何也"，又与下文"则兵远而不畏"，文同一例。

《补注》中，也有校勘前人句读错误者。如：

（38）《管子·君臣下》："是故明君审居处之教，而民可使（尹知章注：民从教，则可使），居治战胜守固者也（尹注：居处既治，战则胜，守则固）。"《补注》："'而民可使'以下十二字连读，谓可使民居国则治，以战则胜，以守则固也。"① 　按应从刘校句读，尹注非是。

刘氏《补注》也有一些采用对校，但均不注明别本出处。大概刘氏所见别本不多，这是他的局限。《补注》中对尚无确证，没有充分把握者，常用"某或疑某字之误"、"某疑衍"等，态度非常严谨。

宋郑樵（1104—1162）著《通志略》，其中有《校雠略》，这

---

① 郭沫若、闻一多、许维遹撰：《管子集校》，例（32），第35页；例（33），第651页；例（34），第354页；例（35），第1069页；例（36），第748页；例（37），第579页；例（38），第480页。

是我国第一部论述校雠理论的专著。但该书所述为广义的校雠，着重论述征求图书及编制目录等问题，所以这里不再详述。

第三节　校勘学全盛时期

清代是校勘学的全盛时期。清初学风厌弃宋明之理学，而崇尚朴学，亦即汉学。清代的朴学，它的涵义很广，概括说来，遵循汉代郑玄等经师治学精神，并以文字、音韵、训诂为基础，对经传及其他古籍作校订、注释、考据工作。所以清代的校勘学、训诂学、考据学等更深入，更周密，富有求实的科学精神，均超越前代。

一　清代朴学的开创者顾亭林

顾炎武亭林（1613—1682），提倡"博学于文"。他说："读九经自考文始，考文自知音始，以至诸子百家之书，亦莫不然。"① 所著《日知录》，每谈一事，详其始末，语必有证，证必多例；其引据很多，而无抵牾之处。这是后来考据学的典范。又著《音学五书》、《九经误字》、《五经同异》、《石经考》等，为

---

① 顾炎武：《亭林文集·答李子德书》，川隐居校本，卷四，第7页。

清代校勘学奠定了基础。顾氏在《日知录》一书中，几次谈到有关校勘问题。如：

（39）《日知录》"改书"条引《东坡志林》曰："近世人轻以意改书，鄙浅之人好恶多同，故从而和之者众，遂使古书日就讹舛，深可忿疾。孔子曰：吾犹及史之阙文也。自予少时，见前辈皆不敢轻改书，故蜀本大字书皆善本。"

（40）又"勘书"条云："凡勘书必用能读书之人。偶见《焦氏易林》旧刻，有曰'环绪倚鉏'，乃'环堵'之误。注云：绪疑当作珮。'井堙水刊'，乃'木刊'之误。注云：刊疑当作利。失之远矣。幸其出于前人，虽不读书，而犹遵守本文，不敢辄改。苟如近世之人，据臆改之，则文益晦，义益舛，而传之后日，虽有善读者，亦茫然无可寻求矣。然则今之坊刻，不择其人而委之雠勘，岂不为大害乎？"[1]

顾氏此论，针对明代校勘不择其人，好妄改古书而发，这确是校勘工作中最重要之戒律。

---

[1]　顾炎武：《日知录》，例（39），卷六，第125页；例（40），卷六，第124页。

二 吴派校勘学家 —— 惠栋、钱大昕、顾广圻等

顾亭林之后，治训诂校勘者有吴人惠栋定宇（1697—1758）、皖人戴震东原（1723—1777）。后人以为两人治学方法不同，称吴派、皖派。

惠氏推崇汉儒旧说，比较谨守家法，所以有人认为吴派泥古保守。今观其所著《九经古义》一书，在校勘上亦有破旧创新之处。今举其校订《毛诗》两则为例：

（41）《诗·大雅·下武》："昭兹来许。"毛传："许，进。"《九经古义·毛诗下》云："训许为进，未详所出。按《后汉志》载《东观汉记》引《诗》云'昭兹来御'。蔡邕《独断》云：'御者，进也。'与传合。疑传写之误。"

（42）《诗·周颂·载芟》："有略其耜。"毛传："略，利也。"《释文》："字书作剠。"《九经古义·毛诗下》云："栋按：剠，本籀文锷字。故《释诂》云：'剠，利也。'耜有锋锷乃能炽菑其田亩。'略'无训利之文，当从字书作剠。唐石经亦作略，非。"①

以上两条惠氏均对今本《毛诗》经文有所校正，可见惠栋治学并

---

① 阮元编：《皇清经解》，例（41），卷五，第 18 页；例（42），卷五，第 18 页。

非泥古。

　　钱大昕竹汀（1728—1804），嘉定人，久居吴门，与当时吴中学者友善。后人亦以为他是吴派。其实他治学态度谨严，有同于惠氏。但从他所著《十驾斋养新录》及《廿二史考异》来看，其治经、治小学、治史都不专守一家，不迷信古本，精辟绝伦，突过前人。阮元在《养新录》的序里说他的《考异》是"订千年未正之讹"，确非过誉。在本书第五章里的"理校法"一节中，曾引钱氏校《后汉书·郭太传》一例，可以参看。兹举《养新录》校《说文》误字两则：

　　（43）《十驾斋养新录》卷四"说文校讹字"条："褫，夺衣也。读若池。案《说文》无'池'字，当为'扡'。《易》'终朝三褫之'，郑康成本，褫作扡。《淮南·人间训》：'秦牛缺遇盗，扡其衣被。'高诱注：'扡，夺也。'许君读若之字，皆经典通用字，扡夺声亦相近。"

　　（44）又，"艸部两蓝字，前云'染青艸也。从艸，监声'，此正字。后云'瓜蒩也，从艸，监声'，此误字，当作蘫，从艸，滥声。《玉篇》载此两字，一从监，一从滥。《广韵》：'蘫，瓜蒩也。'出《说文》，是《说文》有蘫字。"①

_____

① 　钱大昕：《十驾斋养新录》，第 67 页。

顾广圻千里（1766—1835），吴人。他以惠栋弟子江声为师。他一生从事校书，是清代第一流的校勘专家。他提倡"书必以不校校之"。所谓"不校"者，不改动底本；所谓"校之"者，附校记辨各本之是非。这是一种比较慎重的态度。

顾氏曾与段玉裁为一字发生争论。《礼记·祭义》郑玄注："四学，谓四郊之虞庠也。"顾氏据《王制》"虞庠在国之西郊"，《祭义》郑注之"四郊"，为"西郊"形近之误。段氏以为《王制》"西"字当改作"四"，《祭义》郑注不应改。各为文争论不已，竟成水火。今据《王制》郑玄注："虞庠亦小学也，西序在西郊，周立小学于西郊。"则《祭义》之注或字误，似以顾说为近。

顾广圻是一个寒士，依靠代人校刻古书为生。如为阮元校刻《毛诗注疏》，为孙星衍校刻《说文》，为胡克家校刻《文选》、《通鉴》，为黄丕烈校刻《国语》等，都附有他写的校记，而题他人的姓名。

顾氏为胡克家校《文选》，撰《文选考异》（也是用胡克家的名），其所校与后来发现的敦煌《文选》残卷（见罗振玉编：《敦煌秘籍留真新编》影印本），每多暗合，于此可见顾氏校勘之精审。

三　皖派校勘学家 —— 戴东原、卢文弨、段玉裁、王念孙、王引之、阮元、俞樾、孙诒让、于鬯等

戴东原是皖派的领袖，他是一位思想家，又是经学、小学大师。治学主张与顾亭林相同。以治小学为基础，"由字以通其词，由词以通其道"。主张学《说文》，通六书，为治学之本。戴氏在校勘方面，以校《水经注》为最著，在第二章"篇章校勘"里提到过。戴氏著《毛郑诗考正》及《诗经补注》两书，有很多涉及校勘问题。后来段玉裁的《诗经小学》、陈奂的《毛诗传疏》，很多采用戴氏之说。这里举几个例子：

（45）《诗·陈风·月出》："劳心惨兮。"《毛郑诗考正》云："震按：惨，七感切。《方言》云：'杀也。'《说文》云：'毒也。'音义皆于《诗》不协。盖懆字转写讹为惨耳。懆，千到切，故与照、燎、绍韵。《说文》：'懆，愁不安也。'引《诗》'念子懆懆'，今《诗》中《正月篇》'忧心惨惨'，《北山篇》'或惨惨劬劳'，《抑篇》'我心惨惨'，皆懆懆之讹。《释文》于《北山篇》云：'字亦作懆。'于《白华篇》'念子懆懆'云：'亦作惨惨。'盖未能决定二字音义，亦犹谇与讯之溷淆矣。"

（46）《诗·小雅·六月》："狁孔炽，我是用急。"《毛郑诗考正》云："震按：《盐铁论》引此作：'我是用

戒。'戒，犹备也。治军事为备御日戒。讹作急，义似劣矣。急字于韵亦不合。《采薇篇》翼、服、戒、棘为韵；《常武篇》戒、国为韵。"

（47）《诗·周南·卷耳》："云何吁矣。"毛传："吁，忧也。"《诗经补注》云："吁当为盱。《何人斯》之诗曰：'壹者之来，云何其盱。'《都人士》之诗曰：'我不见兮，云何盱矣。'皆不得见而远望之意。《说文》：'盱，张目也。'《尔雅》：'盱，忧也。'毛诗于盱字不复释，则皆蒙《卷耳》传矣。今此诗及传作吁者，后人转写之讹耳。"[①]

戴氏校书，均先审字音、字义，寻文理，然后用本校、他校，证成其说。

卢文弨抱经（1717—1795），余姚人。与戴东原交游，其治学亦与戴氏相近。终身以校书为事，祁寒酷暑，不稍间断。每校一书，必搜罗众本，反复钩稽，为清代第一流的校勘家，与稍后的顾千里，并称卢顾。

卢氏校书极为精密谨慎。他说："古书流传，讹谬自所不免，果有据依，自当改正。……但究须审慎，疑者宁阙，以俟后之人或有能通其意者，若遽凭臆改定，而又全没旧文，则似是而非之弊，又不可胜言者矣。"今举所著《钟山札记》中二则：

---

① 阮元编：《皇清经解》，例（45），卷八一，第2页；例（46），卷八一，第3页；例（47），卷八二，第1页。

（48）《左传·僖三十三年》："郑之有原圃，犹秦之有具圃也。"《钟山札记》"原圃具圃"条云："宋时本是具圃，今本作具囿。按《初学记》河南道所引是具圃，《水经·溳水》下所引本是具圃，新校本乃改作具囿。今以杜预注考之，云'原圃具圃，皆圃名'，若是具囿，杜不必如是下注，即注亦当止云'原圃亦囿名'可矣，以此知作具圃为是。高诱注《吕氏春秋》，凡所引皆作具圃也。"　按王引之《经义述闻·春秋左传上》"具圃"条，亦谓应作"具圃"，与卢说同。近人杨伯峻《春秋左传注》云："六朝卷子本（即金泽文库本所据）、敦煌六朝写本、唐石经本以下诸本皆作具囿，故不从。"[1]

（49）《孟子·滕文公下》："吾为之范我驰驱，终日不获一。"《钟山札记》"范氏"条云："古本作范氏驰驱。《宋书·乐志四·君马篇》：'愿为范氏驱，雍容步中畿，岂效诡遇子，驰骋趣危机。'正用此。孙宣公《孟子音义》云：'范我或作范氏。范氏古善御者。'按《文选·东都赋》'范氏施御'，李善注引《括地图》曰：'夏德盛，二龙降之，禹使范氏御之，以行经南方。'"[2]　按阮元《校勘记》与卢氏说同，并加引证据，证成其说。

① 阮元编：《皇清经解》，卷五二，《钟山札记》，第 2 页。王引之撰：《经义述闻》，第 415 页。杨伯峻编著：《春秋左传注》，中华书局 1981 版，第 469 页。
② 阮元编：《皇清经解》，卷五二，第 2 页。

卢氏一生校书数万卷。自刻全书者有《新书》、《春秋繁露》等二十种，凡二百六十三卷，汇成《抱经堂丛书》。另有数十种，仿《经典释文》体例，只录校记，成《群书拾补》三十卷。还有许多校本未刻，有的已经散失，极为可惜。

段玉裁茂堂（1735—1815），受教于戴东原，是清代的小学家。他校勘《说文解字》及其他经传，极为精辟。已于第五章"理校法"一节里举了一些例子，这里不再举例。他有关校勘学的论说很多。如《与黄荛圃论孟子音义书》云："凡宋版古书，信其是处则从之，信其非处则改之，其疑而不定者则姑存以俟之。不得勿论其是非，不敢改易一字，意欲存其真，适滋后来之惑也。"① 这段话主要是批评只罗列各本异同，而不断是非，不改易一字的所谓死校派。任何事物，都要一分为二，段氏在校《说文》中勇于改字，有精辟之处，上文已经提到过，但也有武断之处。段氏《说文注》问世以后，与他同时的钮树玉即著《段氏说文注订》，指出其不当改动者。钮氏于序中归纳了段注《说文》所以致误的原因有六点。

（50）钮树玉《段氏说文注订序》："许书解字大都本诸经籍之最先者，今则自立条例，以为必用本字，一也。古无韵书，今创十七部以绳九千余文，二也。六书转注

本在同部，故云建类一首，今以为诸字音旨略同，义可互受，三也。凡引证之文当同本文，今或别易一字，以为引经会意，四也。字者孳乳浸多，今有音义相同及诸书失引者，辄疑为浅人增，五也。陆氏《释文》、孔氏《正义》所引《说文》多误，《韵会》虽本《系传》而自有增改，今则一一笃信，六也。有此六端，遂多更张，迥非许书本来面目，亦不能为之讳也。"①

段氏治《说文》确有创见，但以自信太过，不免有谬误之处。钮氏所举，其中有几点是有关校勘的一般性问题，凡从事校勘者，亦应引以为戒。

王念孙石臞（1744—1832），从戴氏学，所著《广雅疏证》、《读书杂志》最为精审。子王引之伯申（1766—1834），承其家学，著《经义述闻》、《经传释词》。王氏父子这四部书，是清代训诂学、校勘学之代表著作。阮元芸台（1764—1849），为《十三经注疏校勘记》。他们有关校勘的论说和例子，在前几章里已引用了一些，这里不再举例。

有清一代治校勘者人才辈出，以上所举仅为较著名者。其他有毕沅秋帆（1730—1797），辑《经训堂丛书》，其中校《墨子》、《山海经》最为精善。汪中容甫（1744—1794），著《述

---

① 钮树玉撰：《段氏说文注订》，商务印书馆 1936 年《丛书集成》本，第 1 页。

学》，治《墨子》、《荀子》。孙星衍渊如（1753—1818），其用功最勤者为《尚书今古文注疏》、《晏子春秋》。稍后有俞樾曲园（1821—1908），著作甚富，有关校勘者，有《群经平议》、《诸子平议》、《古书疑义举例》。《古书疑义举例》第五、六、七卷提出了许多校勘学的通则，与王念孙《读淮南内篇杂志后序》所举六十二条通则，堪称为校勘学的方法论，使校勘学成为有条例、有系统的一种科学。与俞同时者有孙诒让仲容（1848—1908），为有清一代最后一位经学、小学家，著有《周礼正义》、《墨子间诂》、《札迻》。他总结了乾嘉诸校勘家的经验，所以孙氏所校书，较前人更为精审。稍后有于鬯（1854—1910），字醴尊，号香草，著作甚富，有关校勘者，有《香草校书》六十卷，《香草续校书》二十二卷，颇有创见。

四　章学诚《校雠通义》

章学诚实斋（1738—1801），浙江会稽人，著《文史通义》及《校雠通义》。《校雠通义》是继宋郑樵《校雠略》后的又一本校雠理论专著。该书所论也是广义的校雠，全书主要阐述刘氏《七略》之旨，并对编目、提要、校勘等提出了一些新的见解。他主张为了校勘时便于查检群书，宜先按韵部编成索引。

（51）《校雠通义·校雠条例》："窃以为典籍浩繁，闻见有限，在博雅者且不能悉究无遗，况其下乎？以谓校雠之先，宜尽取四库之藏、中外之籍，择其中之人名、地号、官阶、书目，凡一切有名可治、有数可稽者，略仿《佩文韵府》之例，悉编为韵，乃于本韵之下，注明原书出处，及先后篇第，自一见再见以至数千百皆详之。藏之馆中，以为群书之总类。至校书之时，遇有疑似之处，即名而求其编韵，因韵而检其本书，参互错综，即可得其至是。此则渊博之儒，穷毕生年力而不可究殚者，今即中才校勘，可坐收于几席之间，非校雠之良法欤？"[1]

章氏所说，即今日的索引、引得。后来阮元的《经籍籑诂》有些近似，但范围较狭，只限于单字，尚未脱前人字书的窠臼。今日整理古籍计划编制大量古籍索引，才是符合章氏之志的，如进一步将索引制成软件，输入电脑，则又超越章氏的设想了。

张之洞《书目答问》附有《国朝著述诸家姓名录》，其中列举清代校勘家三十一人，可以参考，这里不再一一列举。

---

[1]　章学诚撰：《校雠通义》，道光刊本，卷一，第 12 页。

第四节　校勘学新的发展时期

从辛亥革命到目前的七十多年中，校勘学随着社会的变革，生产的发展，文化的进步，又进入到一个新的发展时期。主要表现在下列这几个方面。

一　出版大量善本书，编制专书索引及善本目录

校勘工作首要具备的条件是集合众本。过去所谓善本、孤本，不是藏在内府，就是为少数藏书家所有，一般学者是不可能轻易看到并利用的。近几十年来，出版事业发达，印刷技术进步，许多原来罕见的古版本书籍得大量印刷发行，这是大大有利于校勘工作的。兹举其最著者：

1.《四部丛刊》（商务印书馆），正编三百二十三种，续编七十七种，三编七十一种。如《正编》影印宋版七十二种，金版两种，元版三十四种，其他也属明清善本。

2.《续古逸丛书》（商务印书馆），这是继清末黎庶昌刻的《古逸丛书》而编的。《续古逸丛书》影印宋版书五十余种。

3.《百衲本二十四史》（商务印书馆），汇集宋元刻本及明刻本等。

4.《四库全书珍本初集》（商务印书馆），二百三十种，

一千七百六十册。近台湾已影印出版文渊阁本《四库全书》。

5．《丛书集成初编》（商务印书馆），四千一百零七种。其中有常见书，但也有一部分影印的罕见书。

6．《道藏》、《续道藏》，共收一千四百七十六种，五千四百八十五卷。最早刻于明正统及万历间。1927 年上海涵芬楼用北京白云观本影印。最近上海书店重印。

字书、类书也是校勘古籍必不可缺的资料。七十年内也搜集和重印了大量的字书、类书。如：

1．唐释慧琳《一切经音义》一百卷，宋希麟《续音义》。丁福保据日本刊本印行。

2．《艺文类聚》一百卷，唐欧阳询等编。1959 年中华书局影印宋本。

3．《初学记》三十卷，唐徐坚等编。1962 年中华书局出版校印本。

4．《白氏六帖事类集》三十卷，唐白居易撰。1933 年吴兴张氏刊本。

5．《太平御览》一千卷，目录十卷，宋李昉等编。1935 年商务印书馆影宋本，1960 年中华书局重印。

6．《册府元龟》一千卷，目录十卷，宋王钦若等编。1960 年中华书局影印。

7．《永乐大典》原二万二千八百七十七卷，目录六十卷，明姚广孝等编，已散佚不全。1959 年中华书局曾把搜集到的国内外藏本共七百三十卷影印出版，近年又搜集到六十五卷，影印出版。据报道，中国社会科学院文学研究所栾贵明同志已编成《永乐大典综合索引》。

8.《古今图书集成》一万卷，总目四十卷，清陈梦雷等编。1934 年中华书局曾影印发行，最近又重印，并编有详细分类目录及索引。

编制索引对校勘工作也提供了有利条件。这在上一节章学诚《校雠通义》中，曾说到过。最近几十年编制了一定数量的专书词语索引。如燕京大学引得编纂处，编了引得四十余种。中法汉学研究所编制通检近十种。其他如叶绍钧的《十三经索引》，杨伯峻的《论语词典》、《孟子词典》、《春秋左传词典》等。日本近年来也编了许多索引。

在过去，藏书家常常编写善本书目及题记，如《铁琴铜剑楼藏书目录》、《海源阁藏书目》等，这只是供人们了解善本书情况，见书目，而不能见其书。现在各大图书馆、各大学等都编写善本书目，其作用不仅了解版本情况，而且可以按图索骥，借用校阅，大大促进了校书工作。最近开始出版《全国古籍善本总目》，这也是整理古文献的一项重要基本建设。

二　发现和整理大量竹木简、帛书、敦煌遗书、碑刻

近几十年由于考古学的发展，各地发现大量的竹简、木牍、

帛书、碑刻以及敦煌石室的遗书。这些材料可以用来考证古史，同时对整理和校勘古籍起了很大的作用。下面分述一些主要的情况。

（一）竹木简和帛书

竹木简历代都有发现，据历史记载，以西汉的孔壁和晋代汲冢发现最多。20 世纪初，英人斯坦因于新疆、甘肃盗窃汉晋简牍千余枚，后罗振玉设法取得照片，与王国维共同考释，其内容分为三类：一、小学、术数、方技；二、简牍遗文；三、屯戍，编成《流沙坠简》一书。

1930 在甘肃居延地区发掘出土两汉木简一万枚，内容大多是汉代西陲军事驻防的簿册，见《居延汉简甲编》。1973 年继续在居延发掘，出土木简近二万枚，内容除屯戍簿册外，还有其他文献资料，见《居延汉代遗址的发掘和新出土的简册文物》（《文物》1978 年第 1 期）。

1959 年甘肃武威汉墓出土大量竹木简，其中有《仪礼》竹简四百九十枚，这是研究《仪礼》版本及校勘的第一手材料，编成《武威汉简》一书。

1972 年山东临沂银雀山汉墓出土竹简四千九百枚，有《孙子兵法》、《孙膑兵法》、《六韬》、《尉缭子》、《管子》、《晏子》、《墨子》等残本。《孙膑兵法》久佚，《汉书·艺文志》有《孙膑兵法》八十九篇，今整理得三十篇。在《孙膑兵法》失传以后，有人怀疑孙武和孙膑是否各有兵书传世，现在这个悬案得到解决了。墓中又有《汉武帝元光元年历谱》竹简三十枚，这是现存最完整的历谱。从这个历谱证实汉太初前使用的是《颛顼历》，从而可以重新推算，校正以前的汉初朔闰表。已编有《银雀山汉墓竹简（壹）》（文物出版社）。

1973 年湖南长沙马王堆西汉墓出土大量帛书。计有二十六件：（1）《周易》。（2）《丧服图》。（3）《春秋事语》。（4）《战国纵横家书》。（5）《老子》甲本，附佚书三种。（6）《九主图》。（7）《黄帝书》和《老子》乙本。（8）《刑德》甲、乙种。（9）《刑德》丙种。（10）《五星占》。（11）《天文气象杂占》。（12）《篆书阴阳五行》。（13）《隶书阴阳五行》。（14）《木人占》。（15）《符箓》。（16）《神图》。（17）《筑城图》。（18）《园寝图》。（19）《相马经》。（20）《五十二病方》，附佚书四种。（21）《胎产图》。（22）《养生图》。（23）《杂疗方》。（24）《导引图》，附佚书二种。（25）《长沙国南部图》。（26）《驻军图》。从以上可见帛书内容涉及政治、军事、哲学、医疗、天文、历法各个方面，它丰富了古代文化史的内容，又可以作为校勘古籍的依据。在前几章里，也曾提到过这方面的例子。已编《马王堆汉墓帛书（壹）》一书（文物出版社）。

1973 年河北定县西汉墓中出土竹简，共八种：《论语》、《文子》、《儒家者言》、《哀公问五义》、《保傅传》、《太公》、《五凤二年正月六安王入朝起居记》、《日书》。现正在整理，见《古籍整理出版情况简报》1981 年第 3 期。

1975 年湖北云梦睡虎地秦墓出土竹简一千余枚，有九种：《秦律十八种》、《效律》、《秦律杂抄》、《法律答问》、《封诊式》、《为吏之道》、《编年记》、《语书》、《日书》。其中秦律几种，为我国最早的成文法典。其中《编年记》可校《史记·六国年表》之误。已编《睡虎地秦墓竹简》一书（文物出版社）。

1977 年安徽阜阳西汉墓出土竹简，有《诗经》、《易经》、《仓颉篇》残本。《诗经》已整理。见《文物》1984 年第 8 期。[①]

（二）敦煌遗书

敦煌遗书藏于甘肃敦煌鸣沙山石窟，几及千年，至 1899 年始被发现。但这些宝贵的文献，大部分被帝国主义分子所盗劫。英国斯坦因劫走九千件，现藏伦敦不列颠博物馆。法国伯希和劫走五千件，现藏巴黎国家图书馆。俄国鄂登堡劫走三千件以上。日本大谷光瑞劫走三千余件。1909 年清政府去接管，在运送途中又被地方官吏劫走一部分，最后残余八千多卷，现存北京图书馆。有人估计遗书总数应为四万至五万件。

1909 年以后，伯希和曾把敦煌遗书中有关四部的照片送给蒋斧、罗振玉等人。罗氏即次第印成《敦煌石室遗书》、《鸣沙石室佚书》、《鸣沙石室古籍丛残》等书，引起了当时学者如王国维、刘师培等人的注意，与现存版本校勘，写成了校记、叙录

---

① 　关于竹木简和帛书出土情况，参考《我国古代竹木简发现出土情况》（《文物》1981 年第 1 期）一文及《新中国的考古发现和研究》（文物出版社 1984 年版）一书。

等。后来刘复、向达、王重民等，先后到巴黎、伦敦抄录或摄取了四部书方面的照片。1956年王重民等根据一百八十七个写本，校定七十八种变文，编成《敦煌变文集》。1962年王重民将国内外所藏敦煌遗书，编成《敦煌遗书总目索引》（商务印书馆出版，1983年中华书局重印）。1979年王重民又将罗振玉、王国维、刘师培等人及王本人所写的叙录汇成《敦煌古籍叙录》（中华书局出版）。

目前我国已有国外所藏敦煌遗书的大部分缩微胶卷。最近组成敦煌遗书编辑组，拟先整理汉文部分中的官府档案及四部书，在三年内编成《敦煌遗书选辑》影印本三十卷；第二步工作再做释文及注解。台湾已出版《敦煌宝藏》一书，拟将国内外敦煌遗书全部影印，这里看到的已有一百六十册，尚未出全。

（三）碑刻

碑刻中的历代石经，这是校勘经籍的重要资料，前人在这方面已做了大量整理工作，在校勘中得到充分利用。其他的碑铭、墓志，分布更广，数量更多。它保存了历史的资料，往往可以校正史籍记载中的某些错误，所以也是校勘的重要资料。清代有王昶的《金石萃编》，但所收录仅一千几百件。最近重印的清末陆增祥的《八琼室金石补正》一百三十卷，也增补不多。台湾印有《石刻史料新编》三十本，收辛亥以前有关石刻之书一零二种，较为完备。近几十年来，在考古发掘及基本建设工地中出土的碑刻数量惊人。据专家估计，仅唐代墓志散在全国各地已知者有一万五千余件，其余历代碑刻的数量，还说不清楚。这些已经发现的碑刻，有待集中汇编整理影印，才能充分发挥作用。

三　本期校勘成果

以上所述的两项，说明这七十年来在校勘的资料方面有了新的发展，为校勘工作创造了有利的客观条件。这个时期的校勘成果，也相应地有了发展。经部的书在清代已由许多学者整理，基本上都有新疏，集中汇编在《皇清经解》和《续编》两部丛书里，所以近几十年来经部校勘成果不多。史部则《资治通鉴》、《廿四史》、《清史稿》校点本的出版，是一件大的工程。子部、集部其中有些重要的书，已经有比较完善的校本。数量较多，不能一一列举，下面只是从各方面选几本书为例，这几本都是利用新资料进行校勘，而成为目前比较完善的校本的。

（一）王国维《水经注校》，上海人民出版社 1984 年版

王氏此书以明朱谋㙔《水经注笺》为底本，对校了宋刻本（残本），明抄本，明永乐大典本（卷一至卷二十），孙潜夫、袁寿阶手校本，黄省曾刻本，吴琯本等。

《水经注》是一部古代历史地理的重要典籍，因为时代久远，辗转传抄，错误残阙很多。从明代起，就有不少学者对此书校勘研究。王国维在前人校勘研究的基础上，从事《水经注》校勘，前后经十余年（该校本大概完成于 1925 年）。他掌握了目

前能看到的所有主要版本，如宋刻残本、明抄本等。正如赵万里在《王静安先生年谱》里说的"《水经》异本毕具于此"。这是王氏最有利的条件。王氏选择明朱氏《水经注笺》为底本，这也是很正确的，《水经注笺》是明刻本中最好的一个本子。再加上王氏精审校勘，所以成绩巨大，超越前人，该书可以说是《水经注》校本的一个总结。

王氏不仅对《水经注》本身的校勘取得了丰硕的成果，另外写了《宋刊水经注残本跋》、《永乐大典本水经注跋》、《明抄本水经注跋》、《朱谋㙟水经注笺跋》、《孙潜夫校水经注残本跋》、《聚珍本戴校水经注跋》等文章，对各种版本的长处、源流，有清一代学者的成就以及相互间的因袭关系，作了正确的评价，这对今后《水经注》的校勘研究也有很大帮助。

现在出版的《水经注校》，是根据吉林大学图书馆藏的王氏手校本排印的，天头、地脚以及正文旁的校记以及各种标号。均依原书地位排印，基本上保存原书的款式。整理者又加上标点，便于读者，但标点失检处较多。

（二）陈垣《元典章校补》，北京大学研究所 1931 年刊行。《元典章校补释例》，中央研究院历史语言研究所 1934 年刊行。1981 年，北京中国书店将两书连同《元典章》合并重印

《元典章》是一部有关元代典章制度的实录，过去被认为"所载皆案牍之文，乃吏胥钞记之条格。不足以资考证"（见《四库全书总目提要》），不为人所重视，《四库全书》亦仅列入存

目。光绪末年（1908）沈家本重刻此书，雕版甚精，但所用底本不善，校勘不审，谬误甚多。1925 年，陈垣在故宫发见一部内府藏元刻本，即以沈刻本为底本，用元刻本并参以几种旧钞本校，校得误文一万二千条，补阙一百零二页，著《元典章校补》六卷，《阙文》二卷，《所订表格》一卷。后来又从一万二千条误例，分析致误原因，归纳为四十二类，选用误例一千余条，并结合论述校勘方法，写成《元典章校补释例》六卷，亦名《校勘学释例》。《校补》一书，用元代刻本校元代著作，这是最优越的条件，陈氏能充分利用这新发见的善本，用对校法，认真校沈刻本之误，使今之《元典章》有一本最近于祖本的完善定本。陈氏《释例》一书，阐述四种校勘方法之运用，发展了校勘学的理论，其对校勘学之贡献尤为显著。

（三）周祖谟《方言校笺》，科学出版社 1956 年版

《校笺》以南宋宁宗庆元六年李孟传刻本为底本（即《四部丛刊》影印本），参证清代戴震、卢文弨、刘台拱、王念孙、钱绎各本。作为参考旁征的三十余种，其中有些书是清代人所未见的，如《原本玉篇残卷》、《玉烛宝典》、慧琳《一切经音义》、《倭名类聚钞》、王仁煦《切韵》、《唐韵残卷》等。周氏对原书的讹文脱字一一订正，罗常培在该书的序文中说："实在不愧是'后出转精'的定本。"

（四）王重民等编《敦煌变文集》，人民文学出版社 1957 年版

这是敦煌变文的第一部较全的校印本。该书的主要工作在

搜辑、迻录、校勘三个方面。这个集子是从二万多件敦煌写卷中检出一百八十八个变文写卷，再从中校定成现在的七十八篇变文，根据不同内容，分成三卷，这是第一步搜辑的工作。敦煌卷子是写本，抄写者限于文化水平，字迹潦草，有大量的错字、别字、俗字，再以时间久远，有残阙、模糊不清的，所以忠实地迻录底卷，也是一项繁重的工作。这个集子的校勘，也就集中在校正误字、俗体字，设法补上阙文。凡同一内容有几个写本的，多用对校，极大部分是只有一个写本，那只能用本校和理校。都保存原字，并出校记。

据该书《叙例》说："编者六人，每篇变文由一人负责迻录，由其余五人传观传校，提供意见，最后由迻录人总记于校记之内。故每篇后均记迻录者姓氏，以示负责。"可见编者的慎重其事。由于这是敦煌变文的第一个校印本，不可能完美无缺，必然还有未校或失校之处。《文集》出版以后，有许多学者有所补正。不久的将来，会在这本《变文集》的基础上，汇集各家所校，加上注释，产生一本比较完善的校释本。

（五）张友鹤辑《聊斋志异》三会本（会校、会注、会评），中华书局1962年版

三会本以蒲氏手稿本及铸雪斋抄本为底本。蒲氏手稿本于解放后发现，虽只存一半，但不失为最可珍贵的本子，该书已由文学古籍刊行社影印出版。手稿所缺部分以铸雪斋抄本为底本。校本有乾隆黄炎熙选抄本、乾隆青柯亭刻本、乾隆王金范刻本等

十几种本子。有详细校记，这是目前较完善的本子。

（六）《红楼梦》，中国艺术研究院红楼梦研究所校注本，人民文学出版社 1982 年版

该书以《脂砚斋重评石头记庚辰秋月定本》为底本。以下列各脂评本、抄本及程甲、乙本为参校本：

1. 乾隆甲戌脂砚斋重评本

2. 乾隆己卯冬月脂砚斋四阅评本

3. 蒙古王府本

4. 戚蓼生序有正书局石印本

5. 戚蓼生序南京图书馆藏本

6. 乾隆甲辰梦觉主人序本

7. 乾隆己酉舒元炜序本

8. 郑振铎藏本

9.《红楼梦稿》本

10. 乾隆辛亥程伟元初排活字本（程甲本）

11. 乾隆壬子程伟元第二次排活字本（程乙本）

凡属底本明显的衍夺讹舛者，据参校本增删改乙，凡改动底本之处，均作出校记；凡底本文字可通者，悉仍其旧。

这个校本用庚辰本为底本是可取的，因为庚辰本是诸本中抄得较早而又比较完整的一种，它虽然有少量残缺，但保存了原

稿的面貌，未经后人修饰增补。该校注本用了十余种本子参校，凡是目前能见到的重要本子都搜集到了，在这一点上，该书就胜过了以前的校本。

（七）余嘉锡《世说新语笺疏》，中华书局 1983 年版

该书以王先谦重刊纷欣阁本为底本，纷欣阁本系清道光间周心如用明嘉靖袁褧嘉趣堂本重雕，而袁本据宋陆游刻本重雕。今再用日本藏唐写本《世说新语》残卷、日本《尊经阁丛刊》影宋本、袁本、沈宝砚本对校，有校记。日本唐写本，罗振玉曾影印，此残卷仅存《规箴》、《捷悟》、《夙慧》、《豪爽》几篇，文字胜于宋本。唐写本及日本影宋本均为前人未见的新资料。余氏为当代目录学、校勘学专家，再掌握这些新资料进行校勘，该书宜为目前最完善的校本。

（八）张锡厚《王梵志诗校辑》，中华书局 1983 年版

唐代诗人王梵志的诗集早已散佚，在唐宋人的诗话笔记中偶有引到，清代编《全唐诗》也没有收王梵志的诗。在敦煌遗书中发现王梵志诗的写卷，才引起学者注意。1925 年刘复《敦煌掇琐》和 1935 年郑振铎《世界文库》里收录了一些王梵志的诗，但都是不全的。随着敦煌学研究的深入，现在已经发现敦煌遗书中王梵志诗共有二十八种，可见王梵志诗在当时民间影响之大。张锡厚的《校辑》，就是依据敦煌二十八种不同写本以及散见于唐宋诗话笔记内的佚诗，经过钩沉辑佚、校勘考释，编辑而成的，凡六卷，三三六首。像这样系统地从敦煌遗书中整理出诗人的全集，在目前还是不多见的。但因敦煌写卷误字俗字较多，张氏《校辑》尚有失校误校之处，可参看项楚《〈王梵志诗校辑〉匡补》。①

（九）孙钦善《高适集校注》，上海古籍出版社 1984 年版

该校注本以明覆宋刻本《高常侍集》十卷本为底本，校本有清影宋抄本十卷本，明铜活字八卷本，明张逊业辑校、黄埻刻《十二家唐诗》中《高常侍集》二卷本，敦煌写本残卷《高适诗集》（四十八首），敦煌残卷《诗选》本（五十余首）。这些敦煌写本，虽不完整，但保存了最早的版本，具有极高的补遗和校勘价值。这个校注本是目前《高适集》最完善的校本。

（十）季羡林等《大唐西域记校注》，中华书局 1985 年版

该书以日本京都帝国大学文科大学校印出版的《高丽新藏本》（1236）为底本，这是目前所见最早而且首尾完整的刊本。校勘所用的本子有十几种，其中最主要的，如《敦煌甲本》残本（伦敦博物院藏）、《敦煌乙本》残卷（巴黎国民图书馆藏）、北宋崇宁二年福州等觉禅院刊本残本（北京大学图书馆藏）等。

据该书《校勘例言》云："校勘参酌诸本，择善而从，不尽拘囿于底本，改字之处，必说明原本作某，从某本改，以便复核。不能作决定者，则并存异文。异文显著谬误者，摈弃不录。"

《大唐西域记》是研究中亚、南亚地区古代史、宗教史、中

---

① 项楚：《〈王梵志诗校辑〉匡补》，《中华文史论丛》1985 年第 1 辑。

外关系史的重要文献，是一部稀世的奇书。我国过去由于条件的限制，对这部书的研究是很不够的，所以今天对《大唐西域记》进行校勘、注释，确是一项繁重的工作。该《校注》本由许多专家分工合作负责，参考了大量的中外文资料，从 1977 年开始到 1985 年才告完成。这是目前最好的一本校注本，从校勘学的角度来说，是近年来一项重要的成果。

1981 年 5 月、7 月，陈云同志曾先后两次指示要把古籍整理抓紧抓好。同年 9 月，中共中央发出《关于整理我国的古籍的指示》，国务院组织了古籍整理出版规划小组，提出了古籍整理出版九年规划。现在已将规划中规定的项目，分头落实到单位或个人。全国各高等院校也积极开展古籍整理工作，为了培养专门人才，有的院校设古文献整理研究所。可以预期，我国古籍整理工作，将以空前的规模有计划有步骤地进行。校勘工作以及校勘学研究，也必将随着古籍整理事业的发展而更深入地发展。

后　记

　　1985 年秋，为古文献专业研究生讲授校勘学。随讲随写，后经整理修改，就写成这本书。校勘学不是一门理论学科，实是一门综合性的应用学科。所以本书尽量结合当前整理古籍的实际，多引用一些古今学者校勘的实例，以及前人的宝贵经验之谈，着重说明校勘的各种对象，以及各种校勘方法的运用。这样，或许对读者进行校勘实践会有些帮助。但限于作者的水平，错误必多。希望得到专家、读者的指正，以便继续修改。在编写中多蒙好几位同志提供资料，核对引文，帮助抄写，非常感激，在此谨表谢忱。

钱　玄

1986 年 5 月于南京师范大学